DISCOURS

DANS LEQUEL ON EXAMINE LES DEUX QUESTIONS SUIVANTES :

1°. *Un Monarque a-t-il le droit de changer de son Chef une Constitution évidemment vicieuse ?*

2°. *Est-il prudent à lui, est-il de son intérêt de l'entreprendre ?*

SUIVI

DE RÉFLEXIONS PRATIQUES.

Par le C. de WINDISCH-GRAETZ.

1788.

DISCOURS

DANS LEQUEL ON EXAMINE LES DEUX QUESTIONS SUIVANTES :

1°. *Un Monarque a-t-il le droit de changer de fon chef une Confti- tution évidemment vicieuſe ?*

2°. *Eft-il prudent à lui , eft-il de fon intérêt de l'entreprendre ?*

Tout Pouvoir d'un Homme ſur un autre Homme ſuppoſe une convention. Prétendre que la Majeſté vient immédia- tement de Dieu, eſt une erreur qui ne va plus au ſiècle dans lequel nous vivons.

La Puiſſance Souveraine, ſoit qu'elle ſe trouve entre les mains d'un ſeul ou de

A

plufieurs, pour être légale, doit avoir été
tranfmife à ceux qui l'exercent, par le
Corps de la Nation immédiatement, ou mé-
diatement par un Pouvoir quelconque an-
térieur légal. La Force & par conféquent
les Conquêtes ne donnent pas de droit. La
Prefcription n'en donne pas non plus au
Souverain contre le Peuple. La Prefcription
n'a d'effets que par les Loix & dans l'Etat
Civil, c'eft-à-dire entre Citoyens. Elle ne
peut pas rendre valides des ufurpations. On
n'admet pas de prefcription, même dans l'E-
tat Civil, contre le Prince; comment en ad-
mettroit-on une contre la Nation entière?

La Puiffance Souveraine, dit-on, peut
avoir été tranfmife par la Nation, fi non
d'une manière expreffe, du moins tacitement : je le nie. Le confentement tacite
peut fuffire de la part des Succeffeurs des
premiers Contractants: mais dans l'origine
il faut, pour que le Pouvoir Souverain
foit légal, qu'il y ait eu un confentement
exprès & bien clairement prononcé.

Le confentement exprès des premiers
Contractants ne fuffit pas même pour préfumer le confentement des Succeffeurs. On

ne peut pas préfumer de confentement
tacite de la part de celui à qui ce confentement feroit défavantageux; & même on
ne doit à la rigueur le préfumer en aucun
cas, auffi longtemps que des Loix ou des
Conventions, connues de ceux dont on
le préfume, n'ont pas déterminé de quelle
manière ce confentement tacite doit fe ma-
nifefter.

Quand notre confentement eft exprès &
volontaire, alors, quelque défavantageux
qu'il nous foit, il nous lie; nous fommes
tenus au Contrat : mais un homme ne peut
pas difpofer d'un autre homme, de la
liberté, des droits naturels d'un autre
homme.

C'eft une erreur de dire que le Pouvoir
des Chefs d'une Nation foit fondé fur un
Contrat qui rend ce Pouvoir irrévocable.
Il n'eft pas plus irrévocable que le Pouvoir
que les Monarques confient à leurs Miniftres; mais il ne peut être révoqué que par
la Nation en Corps, ou par ceux qui l'ont
tranfmis.

Pour qu'il fût irrévocable, il faudroit
que cela fût clairement exprimé dans le

A ij

Contrat - focial : il faudroit donc qu'il y eut un Contrat réel, non fictice. Ainfi, dans les Pays fans Conftitution, ce Pouvoir eft manifeftement révocable : mais plus les Loix Fondamentales feront claires, & fur-tout plus elles exprimeront & détailleront avec précifion les cas, où ce Pouvoir pourra ou devra être révoqué ; & plus ce même Pouvoir pourra être fuppofé irrévocable dans tous les cas non-exprimés.

Le Pouvoir d'un Monarque eft donc évidemment moindre, (abftraction faite même des autres réflexions que je fais fur ce fujet dans la feconde partie du Difcours) fa fûreté eft moindre dans un Pays fans Loix Fondamentales, que dans un Pays où les Loix Fondamentales font bien faites.

Si les Souverains vouloient réflechir fur ces principes, qu'ils devroient faire enfeigner avec le Catéchifme à leurs Enfants, ils fe convaincroient 1º. qu'il n'y a pas peut - être de Puiffance Souveraine légale dans le Monde : 2º. qu'il eft par conféquent contre leur intérêt de donner au

Peuple l'exemple d'analiſer les droits an-
ciens ; car il n'y a pas de droits qui ſup-
portent moins l'analyſe que les leurs :
3°. que le plus ſûr moyen de ſe maintenir
ſur le Trône, qui malgré les Armées de-
viendra infailliblement plus chancelant de
jour en jour, eſt de rendre les Peuples
heureux ; de reſpecter les droits des hommes, & de rendre le Pouvoir Souverain
légal, en formant, de concert avec la Nation, *une Conſtitution* dont la ſageſſe, en
préſervant les Peuples de l'abus trop fré-
quent du Pouvoir Souverain & de l'abus
des Pouvoirs Intermédiaires, étouffera néceſſairement en eux l'eſprit de révolte auquel les hommes ſe livrent rarement, à
moins qu'on ne les pouſſe à bout.

Ce moyen, qui eſt le ſeul légitime pour
raffermir ſolidement le Trône, eſt en même
temps un moyen qui couvriroit le Prince,
qui s'y détermineroit, d'une gloire plus
ſolide que celle des conquêtes ; & qui,
en le rendant l'idole de ſon ſiècle & des
ſiècles à venir, lui procureroit une Puiſſance que les plus fortes Armées ne lui
donneront jamais.

Mais ce n'est pas là de quoi il s'agit à
préfent. Je fuppoferai d'abord que le Pouvoir Souverain foit acquis légalement; &
j'examinerai fi, dans cette fuppofition, un
Souverain auroit le droit de changer de
fon chef une Conftitution évidemment
vicieufe. J'examinerai dans la même Partie
s'il en auroit le droit, en fuppofant que
fon Pouvoir & tous les Pouvoirs du
Monde fuffent illégaux.

PREMIÈRE PARTIE.

*Un Souverain a-t-il le droit de changer de
fon chef une Conftitution évidemment
vicieufe?*

La Puiffance Souveraine peut avoir été
tranfmife à ceux qui l'exercent, ou fans
réferve ou à certaines conditions. Dans les
Pays, où elle leur a été tranfmife fans réferve, il n'y a pas de Conftitution. Je par-
lerai de ces Pays dans la feconde partie de
ce Difcours.

Les conditions, auxquelles le Pouvoir
Souverain a été tranfmis, font ce que l'on

appelle les Loix Fondamentales ou la Conftitution d'un Etat.

Il y a des Pays où il eft évident qu'il y
a une Conftitution : il y en a où il eft douteux s'il y en a une. Dans les Pays où il
eft évident qu'il y a une Conftitution,
que cette Conftitution ait été confirmée
par ferment ou non ; que chaque Chef de
la Nation ait promis ou non de ne pas
l'enfreindre, il eft évident que, rélative-
ment à cette Conftitution, les perfonnes,
auxquelles le Pouvoir Souverain a été
tranfmis, ne peuvent être confidérées que
comme Parties Contractantes.

C'eft au Contrat - focial qu'elles doivent
tout le Pouvoir dont elles jouiffent. Avant
que ce Contrat ne fut rédigé, elles étoient
de fimples Particuliers, les égaux de ceux
avec qui elles ont contracté. Or quel eft
l'homme qui ait jamais ofé prétendre fé-
rieufement, quand plufieurs perfonnes font
une convention entre elles, que les unes
pourroient être liées par la convention,
tandis que les autres ne feroient point liées
par elle ?

Pourquoi feroit-on une exception en

faveur du Contrat-focial ? Eſt-ce un Contrat différent de tous les autres Contrats
du monde ?

S'il y a une exception à faire en ſa faveur,
elle ne peut pas être favorable aux Souverains. En effet, s'il y a une exception à
faire en faveur du Contrat-focial, ce ne
peut être que parce que c'eſt un Contrat
fait entre un ſeul ou un très-petit nombre
d'Hommes d'un côté & un très-grand nombre d'Hommes de l'autre ; un Contrat par
conſéquent qui, s'il eſt vrai que le bien-
être, la ſûreté du grand nombre doit toujours être préférée, toutes choſes d'ailleurs
égales, à la ſûreté, au bien-être du petit
nombre ; doit toujours être fait, toujours
être préſumé fait pour le plus grand avantage, pour la plus grande ſûreté du Peuple,
& non pour le plus grand avantage, pour
la plus grande ſûreté des Chefs : un Contrat qui, dans le doute, doit toujours
être interprété en faveur du Peuple & non
en faveur des Chefs : par exemple, dans
le doute c'eſt la ſûreté des Chefs qu'il
faut ſacrifier à la ſûreté de la Nation.
Ainſi le Contrat-focial doit être bien

moins occupé à prévenir les révoltes, qu'à prévenir l'oppreſſion qui, par la nature des choſes, eſt beaucoup plus commune que ne le ſont les révoltes.

Des Ecrivains mercénaires oſent dire à la vérité tout le contraire : mais comment peuvent-ils ſe flatter qu'on leur ajoutera foi ? Quoi ! tandis qu'on nous prêche d'un côté des maximes outrées ; qu'on veut ſérieuſement nous perſuader que chacun de nous eſt obligé de ſe ſacrifier au bien général, *à ce que l'on juge à propos* de nommer le bien général ; on oſera ſoutenir hautement d'un autre côté que la Nation en Corps doit ſe ſacrifier à ſes Chefs ; que ceux-ci ſont toujours Juges dans leur propre Cauſe ; que la Nation, qui leur a confié le pouvoir dont ils jouiſſent, eſt tenue à tout ; & qu'eux ne ſont tenus à rien, ou du moins qu'ils ne ſont reſponſables qu'à Dieu : tandis qu'il eſt de la dernière évidence que les Souverains ou les Chefs de la République ne ſont que les Mandataires de la Nation en Corps, & qu'ils ſont par conſéquent reſponſables dans tous les cas à la Nation

en Corps; on ofera foutenir que la Nation ne peut en aucun cas contrevenir
au Contrat qu'elle a fait avec eux, mais
qu'eux peuvent enfreindre ce Contrat au
gré de leur fantaifie : Non. Des Princes
éclairés feront les premiers à avoir en
horreur des maximes auffi abominables :
& fi des Efclaves vils les débitoient à leur
Cour, loin d'y faire fortune, j'en fuis
fûr, ils en feroient bannis à jamais.

Si le Monarque ou les Chefs d'une
République ne peuvent être confidérés
que comme Parties-Contractantes relativement aux Loix Fondamentales, (qui ne
font que les conditions auxquelles on leur
a tranfmis le Pouvoir) il eft évident
qu'ils n'ont pas plus le droit de changer
ces Loix, ou de les interpréter fous quelque prétexte que ce puiffe être, qu'un
Particulier n'a le droit de changer de fon
chef ou d'interpréter les conditions d'une
Convention qu'on a faite avec lui.

La bafe de toute Legiflation eft que jamais ceux, qui font foumis à la Loi, ne
doivent l'interpréter; mais qu'ils doivent
lui obéir aveuglément. Sans ce principe,

qui doit être préfumé la première de toutes les Loix, il feroit inutile de faire des
Loix. Or les Chefs des Nations font auffi
foumis aux Loix Fondamentales, que les
Particuliers font foumis aux Loix données
par le Souverain : & comme il eft clair
que les Loix doivent toujours être beaucoup plus en garde contre les Puiffants
qu'elles ne font en garde contre les foi-
bles, l'interprétation des Loix Fondamentales doit être encore bien moins permife
aux Souverains, que l'interprétation des
Loix Civiles n'eft permife aux Citoyens.

Il n'eft pas néceffaire du tout qu'il foit
exprimé dans la Conftitution que les
Chefs n'ont pas le droit de l'interpréter:
c'eft une fuite néceffaire de la chofe :
car, du moment qu'on leur accorderoit
ce droit, il n'y auroit plus de Conftitution du tout. Ce feroit leur laiffer le champ
libre de faire le mal fous l'apparence du
bien : car pour un bon Prince, pour un
Prince éclairé, il y en a cent qui ne le
font pas, & qui feront le mal, fouvent
avec la meilleure volonté de faire le bien;
puifque c'eft une chofe qui arrive même

quelque fois aux Princes les plus éclairés
& les plus juftes. Ce que je dis des
Princes doit s'entendre également des No-
bles ou des Chefs dans une République.

Dans un Pays où il eft douteux s'il y
a une Conftitution, il femble que le
Souverain auroit plutôt le droit de toucher à ce que l'on nomme la Conftitution, que dans un Pays où il eft évident
qu'il y en a une. Mais fi l'on y réfléchit,
on trouvera qu'il n'a pas même ce droit
dans le doute : car dans le doute on doit
toujours préfumer qu'il y a une Conftitution : on ne peut pas préfumer qu'une
Nation fe foit livrée fans réferve à fes
Chefs. Dans le doute fi une Loi fait ou
ne fait point partie de la Conftitution,
ce ne peut jamais être au Souverain à
juger cette queftion : il ne peut pas être
Juge dans fa propre Caufe : il n'eft pas
au deffus des Loix Fondamentales : ce
Jugement appartient au Corps dépofitaire
des Loix s'il y en a un; & s'il n'y en a
pas, à la Nation en Corps.

Comment, me dira-t'on, la Nation en

Corps jugera-t'elle ? Je fens que ce Jugement peut avoir des inconvénients : mais ces inconvénients feront toujours moindres pour la Nation, que le danger d'être opprimée. Or c'eft pour la plus grande fûreté de la Nation, & non pour la plus grande fûreté des Chefs, que le Gouvernement civil a été imaginé. (*a*)

OBJECTIONS ET RÉPONSES.

PREMIÈRE OBJECTION.

NOus fentons très-bien, m'objectera t'on peut-être, qu'il ne faut pas toucher à une Conftitution qui eft bonne; qu'il

---

(*a*) Ce Jugement, quand les Loix n'y ont point pourvu, eft embarraffant encore fous un autre point de vue. Quel Corps dans l'Etat, dit-on, fera affez impartial pour juger les cas douteux de la Conftitution avec équité; pour juger avec équité entre le Souverain & la Nation ? Mais il me femble qu'il y a bien des moyens d'y pourvoir. Par exemple, pourquoi les Loix ne prefcriroient-elles pas une règle d'après laquelle on cholfiroit par le fort, d'une manière déterminée par la Loi, un certain nombre de perfonnes de différentes claffes, pour interpréter les Loix Fondamentales, quand elles ont befoin d'interprétation ?

ne faut pas même fe preffer de changer
une Conftitution qui paroît vicieufe : car
les Chefs des Nations font fujets à l'erreur
comme le refte des Hommes : une bonne
Conftitution peut leur paroître mauvaife:
ils peuvent fe faire illufion; & mettre, à la
place d'une Conftitution défectueufe, une
Conftitution ou des Loix encore plus
mauvaifes, ou du moins tout auffi défectueufes. Or il eft clair que tout changement eft un mal par lui-même, du moment qu'il ne produit pas des avantages
réels & permanents.

Nous convenons que les Souverains
n'ont pas un droit formel de toucher à
une Conftitution vicieufe ; car tout le
droit qu'ils ont ne leur vient que par cette
Conftitution : ils ne font donc pas plus
autorifés à changer cette Conftitution ou
une feule Loi Fondamentale, qu'un Particulier n'eft autorifé à tranfgreffer une
Loi Civile quelconque. Nous allons plus
loin : Nous convenons que, fi un Souverain vouloit changer de fon chef une
Conftitution, quoiqu'évidemment vicieufe, la Nation auroit non-feulement le droit

de s'y oppofer; de même que les Juges
ont le droit de punir un Citoyen qui auroit agi contre la Loi (quoiqu'en agiffant
contre la Loi il eut rendu à la Nation un
très-grand fervice) mais que cette Nation
& ce Juge feroient même très-bien, l'une
de réfifter, & l'autre de punir pour l'exemple : car, fi l'on foufroit que les
Chefs touchaffent aux Loix Fondamentales, & que les Citoyens fe difpenfaffent
des Loix Civiles, même dans le cas où
il en réfulteroit évidemment du bien,
d'autres s'en difpenferoient pour faire le
mal ; & les Loix n'auroient plus de
vigueur : ce qui eft un mal bien plus
grand, que ne peut être grand le bien
qui par hazard pourroit réfulter de l'in-
fraction des Loix dans quelques cas particuliers.

Nous convenons, me dira-t'on, de tout
cela. Mais, quoique le Souverain à la
rigueur n'ait pas le droit, comme Souverain, de changer de fon chef une Loi
Fondamentale quelconque, fût-elle évidemment vicieufe, n'en a t'il pas le droit
comme homme ? Ne peut-il pas, ne

doit-il pas même se mettre au dessus de la Forme en faveur du Fond?

Un simple Citoyen, qui verroit évidemment qu'il est utile à ses Concitoyens en contrevenant à la Loi, ne feroit-il pas une action louable, généreuse même, de s'exposer à être puni en agissant contre la Loi pour faire le bien? A plus forte raison un Souverain, qui verroit évidemment que la Nation ne tient à une Loi Fondamentale qui lui est nuisible à elle même, que parce qu'on la séduit; parce que l'intérêt personnel de quelques Particuliers la lui présente comme utile; ne doit-il, ne peut-il pas du moins profiter de la Force qu'il a en main, pour rendre cette malheureuse Nation heureuse malgré elle?

N'est-ce donc pas la première de toutes les Loix Fondamentales de rendre heureux le Peuple que l'on gouverne?

Je Réponds 1°. Il est faux que le bonheur soit le but immédiat du Gouvernement Civil. C'est la sûreté qui est ce but. Or rien n'est plus contraire à cette sûreté que le droit qu'auroit un Souverain de changer les Loix Fondamentales.

2°. Le

2°. Le devoir des Chefs d'une République, qui a une Conſtitution, eſt d'obſerver cette Conſtitution, quelle qu'elle ſoit, *à la lettre*. Le bien qui pourroit en réſulter, ſi dans un cas particulier ils s'en écartoient, ſeroit toujours un moins grand bien, que ne ſeroit grand le mal que produiroit l'exemple de Déſpotiſme, que donneroit le Souverain en faiſant ce bien qu'il n'auroit pas le droit de faire de ſon chef.

3° Si le changement que le Souverain veut faire aux Loix Fondamentales, eſt évidemment utile, pourquoi feroit-il ce changement contre le gré de la Nation ? Pourquoi emploieroit-il la Force ? Il ne doit pas lui être impoſſible, ſi l'utilité eſt évidente, d'en convaincre le Public, & d'impoſer ſilence aux Sophiſmes de l'intérêt Perſonnel. Si la conviction eſt impoſſible, il eſt apparent que l'évidence n'eſt pas réelle, & que le changement, qui lui paroit évidemment utile, n'eſt peut-être rien moins qu'utile en lui-même.

4° Mais quand même cette utilité ſeroit évidente, le Souverain n'a pas le droit d'entreprendre de lui même ce changement. In-

B

dépendamment même du mauvais exemple
qu'il donneroit, il manqueroit comme homme ; car un homme n'a pas le droit de
rendre un autre homme heureux malgré
lui. Le Souverain feroit mal comme homme, par la même raison par laquelle un
simple Citoyen ne doit pas agir contre la
Loi, quand même il produiroit par là le
plus grand bien; car faire du bien aux hommes, les rendre plus heureux qu'ils ne font,
est une obligation imparfaite : ne pas agir
contre la Loi, observer rigoureusement ses
engagements, ne pas léser les droits, quels
qu'ils soient, de nos semblables ; c'est-à-
dire ne pas faire des choses quelconques
qu'ils ont le droit d'exiger que nous ne
fassions pas, font des obligations parfaites :
or c'est détruire toute la Morale que de
prétendre qu'on puisse manquer à une obligation parfaite, pour en remplir une qui
n'est qu'imparfaite. Cet abus, cette inversion
de nos obligations est une des plus grandes sources des maux qui accablent le Genre-humain, & peut-être la plus grande : car
les Hommes en général ne font point mé-
chants, & les Rois ordinairement le font

encore moins que le reste des Hommes.
Mais les Hommes & les Rois se font illusion : ils sont dupes d'une fausse doctrine,
dont on est dupe d'autant plus aisément,
que notre penchant nous entraîne vers elle.
En effet que chacun de nous descende
dans le fond de son cœur, & il y découvrira
un penchant secret à négliger ce qu'il doit
faire, pour remplir avec ardeur des obligations qu'il s'impose à lui-même. Ce penchant est fort simple : car ces obligations
volontaires ou imparfaites ont pour elles
l'attrait de la Gloire, tandis qu'il n'y a pas
de gloire à ne faire que ce que l'on doit.
Ce penchant est peut-être encore plus dans
le caractère de l'homme de bien, que dans
le caractère du méchant. Or si, entraîné
d'un côté par ce penchant, on se laisse aller de l'autre à l'habitude de sophistiquer
sur les principes, comment pourra-t-on
ne pas tomber d'erreurs en erreurs ? Que
l'on prêche aux hommes, tant que l'on
voudra, le crime, on ne leur sera point
dangereux : ils rejetteront loin d'eux de pa-
reils ouvrages : mais on les mènera infailliblement à leur perte, si on les conduit

B ij

au Crime par le fentier de la Vertu ; ou fi, en commençant par leur montrer un but vertueux, on les rend peu fcrupuleux fur le choix des moyens pour parvenir à ce but. On ne fauroit donc le redire affez fouvent aux Hommes & plus encore aux Rois, *que jamais il n'eft permis de faire un petit mal, pour qu'il en réfulte un grand bien :* que l'on bannit la Vertu & le Bonheur de la Terre, du moment que l'on s'écarte de cette Maxime Fonda-mentale. (*b*)

––––––––––––––––––––––

(*b*) Que ceux, qui ne font pas convaincus de l'é-vidence de cette Maxime Fondamentale, lifent le Chapitre V. d'un Ouvrage Allemand que j'ai publié à Nuremberg en 1787, & dont le titre eft : *Betrach-tungen über verfchidene Gegenftände Worüber man beüt febr viel febreibt.* Cette Maxime eft auffi utile à enfeigner aux Souverains, qu'il eft important de la graver dans la mémoire des Sujets : car fi l'inobfer-vance de cette Maxime conduit les uns à abufer de leur Pouvoir, elle porte les autres à la révolte, & quel-quefois à des horreurs que le Fanatifme feul a pu effayer de juftifier. C'eft toujours le même efprit, la même er-reur qui guide & les uns & les autres. Tout ce que je dis dans ce Difcours contre l'abus du Pouvoir, eft donc également applicable, avec quelques modifi-cations aifées à appercevoir, (Voyez le même Ou-

Tout le monde reconnoît cette Maxime dans certains cas particuliers. Personne ne croit, par exemple, qu'il soit permis de voler ou de ne pas payer ses dettes pour faire des aumônes : mais on l'oublie dans d'autres cas : car c'est l'oublier que de croire qu'on puisse désobéir à la Loi, pour faire du bien ; ou qu'on puisse de son chef manquer à ses engagements, s'il en revient un grand avantage à celui envers qui l'on s'est engagé.

---

vrage Chap : VIII. dernier §) contre l'esprit de révolte.

Il ne faut pas agir à moins que l'on n'en ait le droit. Ainsi, que le Pouvoir du Souverain soit ou ne soit pas acquis légalement ; que les Chefs des Nations violent plus ou moins le Contrat-social, ce n'est jamais à des Individus ou à une partie de la Nation à en faire justice.

Le Meurtrier d'un Tyran se rend coupable d'une d'autant plus grande horreur, qu'elle ne mène a rien. Le Tyran meurt & la Tyrannie reste. Mais quand même on pourroit détruire la Tyrannie du même coup dont on frappe le Tyran, on n'en auroit pas le droit. Ceux qui pensent qu'on auroit ce droit, doivent penser, s'ils sont conséquents, qu'un Monarque peut de son chef changer la Constitution : & ceux, qui sont de ce dernier avis, doivent croire que le meurtre d'un

Obfervons, chacun de notre côté, les Loix à la rigueur; rempliffons fcrupuleu-fement nos obligations parfaites, & tous les hommes feront heureux : mais, quand même ce bonheur général ne feroit pas une fuite néceffaire de notre conduite, ce n'eft plus notre affaire : nous avons rem-pli notre tâche. Souvenons - nous que nous ne fommes pas dans le Monde pour veiller les uns fur les autres; mais que le

---

Tyran peut être permis : Ces deux erreurs fe tiennent, font des conféquences du même principe dont je me flatte d'avoir prouvé la fauffeté & le danger.

Il ne faut pas changer à moins d'être fûr de fon fait. Ainfi le Corps même de la Nation, quoiqu'elle ait toujours le droit de changer la Conftitution, ne doit pas fe déterminer légèrement à ce changement: dans le doute les Formes antiques font préférables. Les hommes, il eft très vrai, ne parviendront au bon-heur que pas un grand bouleverfement : mais il ne faut pas oublier qu'il y a cent mille manières de tout culbuter, & que dans ce nombre il n'y en a que fort-peu de bonnes.

Il ne faut pas oublier que ceux, qui auroient le ta-lent de faire des changements utiles, font rarement ceux qui en ont le pouvoir : ce n'eft donc pas la pa-reffe, mais la raifon & l'expérience qui font redouter les changements en général.

devoir de chacun de nous eſt de reſpecter les droits de chacun de nos ſemblables.

SECONDE OBJECTION.

ON pourroit m'objecter encore, ou
pour mieux dire, on pourroit pouſſer la
première Objection de la manière ſuivante.

On ne peut pas, pourroit-on dire, faire
un petit mal, il eſt vrai; à un homme;
le léſer dans ſes droits, pour procurer un
grand avantage à un autre homme ou à
pluſieurs hommes : mais il n'en eſt pas
ainſi quand il s'agit de la même perſonne
ou de la même Société : un petit mal
alors ceſſe abſolument d'être un mal :
pourquoi ne feroit-on pas à une Société
un petit mal pour la rendre plus heureuſe,
ſur-tout quand le mal qu'on lui fait n'eſt
qu'un mal chimérique ? Or, du moment
que c'eſt dans la vue de rendre un Peuple
plus heureux qu'on change ſa Conſtitution, & qu'il eſt évident qu'on le rend
heureux en la changeant, le pretendu mal
qu'on lui fait n'eſt qu'un mal chimérique.

JE RÉPONDS : 1°. il eſt faux qu'on

puiffe faire à un homme un petit mal
contre fon gré, dût-il en réfulter pour
lui le plus grand avantage. Ce feroit manquer à une obligation parfaite. Le premier
droit de l'Homme eft le libre exercice de
fes facultés, & par conféquent de fa
volonté, autant que cette volonté n'eft
pas contraire aux droits d'un tiers. On
n'a pas le droit de couper une jambe à
un homme pour lui fauver la vie, à
moins qu'il ne confente à cette opération.
On la lui couperoit s'il n'avoit pas fes
fens, s'il étoit fou, ou fi c'étoit un En-
fant; parce qu'on préfumeroit qu'il donneroit fon confentement s'il avoit fes
fens : mais il n'en eft pas ainfi d'une
Nation : une Nation a toujours fes fens.
2°. On ne peut pas préfumer d'un homme
ou d'une Société un confentement, que
la réflexion nous apprend que cet homme
ou cette Société ne pourroit pas donner
fans manquer de prudence : Or une Nation manqueroit évidemment de prudence,
fi elle permettoit à fes Chefs de contrevenir au Contrat-focial, d'enfreindre les
Loix Fondamentales fous quelque pré-

texte que ce fût : car le maintien de ces
Loix est le plus ferme appui de la sûreté
de la Nation. Pour une fois qu'il pourroit en résulter de l'avantage si le Souverain les violoit, il en résulteroit non-seu-
lement les plus grands inconvénients dans
cent occasions différentes ; mais il en résulteroit l'anéantissement du Contrat - social, & par conséquent la perte de cette
liberté & de cette sûreté, en faveur des-
quelles on s'est réuni en Société. Une
Nation ne doit donc jamais accorder cette
liberté à ses Chefs. Or si la raison nous
apprend qu'elle ne doit pas accorder cette
liberté, on ne peut donc jamais présumer
qu'elle l'ait accordée : mais il faut toujours, pour pouvoir changer une Loi
dans un cas particulier, que son consentement soit exprès & clairement prononcé.

TROISIÈME OBJECTION.

IL me vient une troisième Objection, que
je tâcherai de présenter dans toute sa force.

S'il n'y a pas de Puissance-Souveraine

légale, il n'y a donc pas non plus, pourroit-on dire, d'autre Pouvoir légal dans
le monde ; pas de Corps repréfentant
la Nation, pas d'Etats, pas de Parlements,
auxquels le Pouvoir qu'ils exercent ait
été tranfmis légalement. Le Gros de la
Nation eft toujours mené par un petit
nombre d'ufurpateurs; & ce petit nombre
qui le dirige, loin d'être occupé du bien
général, n'eft guidé que par des intérêts
perfonnels fouvent fort oppofés au bien
général. Or, fi un homme vertueux, qui
verroit avec douleur ce Defpotifme qu'un
petit nombre de Tyrans exercent fur le
Genre-humain, fe trouvoit dans la pofition heureufe de pouvoir changer la face
des affaires, & de tirer le Genre-humain
du joug fous lequel il gémit, pourquoi
ne l'entreprendroit-il pas? Pourquoi ne
feroit-il pas ufage, en faveur du grand
nombre, de la Force qu'il auroit en main,
quoiqu'illégalement, contre des Individus
ou des Corps qui n'auroient à défendre
contre lui que des Pouvoirs ufurpés?
S'il fe trouvoit dans une Forêt une Troupe
de Voleurs qui mettroient à contribution

les Pays d'alentour, & qu'un Particulier, un Etranger auroit la force néceſſaire pour les exterminer ou les diſperſer, n'en au-roit-il pas le droit? Faudroit-il qu'il at-tendît la requiſition expreſſe de la Peu-plade que ces Voleurs tiendroient dans l'oppreſſion ? Le défenſeur du Genre-humain mériteroit-il des reproches ?

Je Réponds. Il n'eſt pas dit que tous les Pouvoirs Intermédiaires feroient illégaux du moment que la Puiſſance Sou-veraine feroit illégale : mais ſuppoſons le, j'y conſens. Suppoſons encore que l'in-térêt des Pouvoirs Intermédiaires feroit en effet en contradiction, dans un Pays donné, avec l'intérêt général; il ne fau-droit pas détruire par cette raiſon, quand même on en auroit le droit, ces Pouvoirs Intermédiaires : Il faudroit prévenir les abus, voilà tout : Car l'exiſtence des Pou-voirs Intermédiaires pourroit être utile au bien général, quoique leur intérêt feroit différent de l'Intérêt général. Il vaut tou-jours mieux pour une Nation que pluſieurs Pouvoirs ſe tiennent en reſ-pect réciproquement, que d'être écraſée par un Pouvoir-unique. (*c*) La parité avec les Voleurs eft injufte , & n'eft rien moins qu'exacte. Il n'eft pas douteux que l'on puifle aller au fecours d'un opprimé , fans attendre qu'il vienne implorer notre protection : C'eft une belle action, mais c'eft une obligation imparfaite, & par conféquent ce ne feroit plus une belle, mais une mauvaife action, fi, pour l'exécuter, il falloit manquer à une obligation parfaite.

Je pourrois dire à cette occafion que le Souverain tient par un Contrat à la Conftitution , & qu'on ne peut , fous aucun prétexte , manquer au Contrat que l'on a fait. Que diroit-on d'un Mandataire qui , fous prétexte que celui, qui l'a muni du Pouvoir dont il jouit, n'y étoit pas autorifé, agiroit contre fon Principal; d'une Armée qui fe déclareroit contre fon Souverain, fous prétexte que la Guerre qu'il

---

(*c*) On verra par mes *Réflexions Pratiques*, que je ne fuis pas admirateur cependant des Pouvoirs qui fe tiennent en refpect.

fait eſt injuſte ? Or le Souverain eſt le Mandataire de ceux avec qui il a con-tracté : mais ce n'eſt pas là ſur quoi j'ap-puierai mon raiſonnement.

La vraie diſparité, entre la poſition du Souverain qui détruiroit les Pouvoirs In-termédiaires pour faire du bien à la Na-tion, & celle d'un homme qui marche-roit au ſecours d'une Société que des Brigands opprimeroient , eſt 1°. que ce dernier a tout lieu de préſumer le con-ſentement de cette Société. Si elle ne conſentoit pas qu'il marchât à ſon ſecours il n'en auroit pas le droit. Or le Souve-rain ne peut pas préſumer le conſente-ment de la Nation : car on ne peut pas préſumer le conſentement de quelqu'un, quand on ſait poſitivement qu'il ne con-ſent pas à ce que nous voulons; ou bien quand on eſt à temps de lui deman-der ſon conſentement exprès. 2°. L'hom-me, qui marche contre les Voleurs, n'au-roit pas le droit de marcher contre eux, s'il n'avoit pas l'évidence de ſon côté, c'eſt à dire l'évidence que ce ſont des Voleurs. Le Souverain n'a pas le droit

d'ufer de force, quand même il auroit l'é-
vidence de fon côté : car dès lors la force
ne lui eft plus néceffaire. On ne difper-
fera pas les Voleurs avec l'évidence :
mais le Souverain portera aux ennemis
de la Nation qui vivent au milieu d'elle,
avec les armes de l'évidence, des coups
plus fûrs & plus légitimes, qu'avec la
baïonnette & les fufils de fes Soldats.
Enfin fi, ce qui eft à peu-près impoffible, la Nation ne fe rendoit pas à l'é-
vidence, alors ce feroit un malheur qui
n'autoriferoit pas, à ufer de force, celui
qui n'en a pas le droit : Or le Souverain
n'a pas ce droit. En effet fi nous fup-
pofons le Pouvoir des Corps Intermédiaires illégal dans le principe, &, dans
un pays donné, la Conftitution exiftante
nuifible au bien général; fuppofant d'un
autre côté la Puiffance Souveraine illégale,
(car ce n'eft qu'en fuppofant celle-ci illégale qu'on peut fuppofer les autres pouvoirs dans l'Etat illégaux) celui, qui exerceroit la Souveraineté, ne pourroit être
confidéré dans cette fuppofition que
comme un Individu qui feroit fort, mais

qui n'auroit pas de droit : ainſi les Pouvoirs Intermédiaires qu'il attaqueroit, quoique ces Pouvoirs ſeroient illégaux, auroient toujours le droit de lui réſiſter;
car c'eſt du droit de l'attaque que dé-
pend la juſtice ou l'injuſtice; c'eſt-à-dire
le droit de la défenſe : le Souverain, dans
la ſuppoſition que nous admettons, ne
ſeroit jamais qu'un homme puiſſant, qui
ſe mêleroit d'une affaire qui ne le regarde
pas.

Pour juger la Queſtion plus parfaitement, retournons un moment d'une autre manière la ſuppoſition que nous avons
faite, & nous verrons où nous en vien-
drons.

Suppoſons tous les Pouvoirs du Monde illégaux dans leur principe, & ſuppoſons un Peuple qui ſeroit gouverné
avec un ſceptre de fer. Cette ſuppoſition
n'eſt pas hors de la nature; car malheu-
reuſement, même dans notre Europe po-
licée, dans cette Europe dont on vante
les lumières, le Deſpotiſme eſt, depuis
Lisbonne juſqu'à Moſcou, le plus grand
fléau de l'humanité. Suppoſons avec cela

un Particulier ou une Société qui fe
trouveroit par hazard armée de la force
ou du courage fuffifant pour délivrer ce
peuple à jamais, en marchant droit vers
le Trône, du joug du Defpotifme : je
fuppofe ce Particulier ou cette Société
animée du défir de rendre les hommes
plus heureux qu'ils ne font, & je demande : auroit-elle le droit de faire ufage
de fa force ? Si la force fait tout dans
ce monde ; fi l'on peut ceffer d'avoir
égard aux droits, à la pofition actuelle des
chofes ; fi l'on peut fe paffer de titre pour
agir, du moment que l'on a en vue le
bien général; pourquoi n'auroit-elle pas
ce droit ? S'il étoit évident qu'on feroit
utile au Genre-humain en arrachant le
Sceptre des mains d'un Souverain, pourquoi n'en auroit-on pas le droit d'après
ces principes ? Ou difons plutôt : Si l'on
ne peut pas fuppofer que l'on auroit ce
droit, comment peut-on prétendre qu'un
Souverain, dont le Pouvoir dans le principe feroit illégal, auroit le droit d'ufer
de force contre des Pouvoirs Intermédiaires qui feroient également illégaux dans
le

le principe ; ou qu'un Souverain, dont
le Pouvoir feroit légal, auroit ce droit
contre des Pouvoirs Intermédiaires également légaux ?

Un Souverain dans aucun cas ne peut
ufer de force contre la Conftitution : car,
quand même elle feroit illégale dans l'origine, il faudroit qu'il convoquât la Nation, (ce qui n'eft pas auffi impoffible
qu'on le penfe) & ce feroit à la Nation
& non pas à lui, à confirmer ces Pouvoirs
Intermédiaires, fi elle le jugeoit à propos;
ou bien à les détruire, & à établir fur
leurs débris une nouvelle Conftitution.

Qu'on ne me dife pas que le gros de
la Nation fe trompera toujours, ou bien
fera toujours trompé. On ne peut pas
rendre évidentes au grand nombre, des
vérités métaphyfiques, les premiers principes des chofes; mais on peut lui rendre évidentes des vérités auffi fimples,
que le font celles qui tiennent à la Conftitution. Et fi l'on perfifte à me dire que,
même fur ces objets, le grand nombre
fe trompera malgré l'évidence, je répondrai que, fi cela eft, il eft également

C

probable que le Souverain se trompera, ou bien qu'il sera trompé.

Dès que l'on s'écarte de la lettre de la Loi ; que l'on se croit tout permis du moment que l'on veut le bien ; & que l'on se permet des raisonnements, comme ceux que j'ai faits dans cette objection pour en montrer le danger, tout est perdu dans ce monde : il n'y a plus rien de stable : il n'y a pas de si méchante action, pas de Régicide, pas de projet si abominable, qu'on ne viendroit à bout de justifier.

J'ai parlé du droit dans cette première Partie : dans la seconde je prouverai qu'il est de la prudence & du plus grand intérêt de chaque Souverain d'agir précisément en conformité de ce que lui prescrit le droit le plus rigoureux.

SECONDE PARTIE.

SI je puis prouver qu'un Monarque, qui change ou se propose de changer, soit par la Force, soit par la Politique, la Constitution, c'est-à-dire les Loix Fondamentales d'un Pays ; 1°. nuit à sa sûreté personnelle, 2°. corrompt le caractère & les mœurs de la Nation, 3°. n'augmente pas son Pouvoir, & 4°. fait à sa gloire un tort irréparable ; j'aurai prouvé ce que je me propose de prouver dans cette seconde Partie.

Il nuit à sa sûreté personnelle.

S'Il est vrai qu'il est de l'intérêt personnel de tout homme de ne pas léser les droits des autres hommes pour qu'on ne viole pas les siens ; d'être bon, vrai & franc pour qu'on le soit à son égard ; que c'est là la meilleure Politique, quoiqu'elle se pratique rarement ; cette vérité est encore bien plus sensible relativement aux Souverains, dont les actions sont exposées

C ij

aux yeux de tout l'Univers, & dont on
examine & interprète les moindres dé-
marches toujours avec beaucoup de soin
& souvent avec fort peu d'indulgence.

Que l'on réfléchisse à ce principe & à
tout ce que j'ai dit dans la première Partie de ce Discours : que l'on réfléchisse
en même temps que les hommes, quoiqu'ils soient aujourd'hui ou beaucoup
trop, ou beaucoup trop peu éclairés pour
leur propre bonheur; le sont assez, pour
ne plus croire à tout ce que les fauteurs
du Pouvoir sans bornes voudroient leur
persuader; assez, pour sentir que le *Bon-*
heur, la *Gloire de l'Etat* est une ex-
pression vague qui ne peut persuader
personne, puisqu'elle ne représente rien
moins que le bonheur des Individus qui
composent la Nation; assez éclairés,
pour sentir leurs droits; & qu'ils le feront peut-être bientôt assez, pour sentir toutes leurs forces.

Que l'on réfléchisse enfin que les hommes, quand ils font mal, desirent nécessairement de changer, si non de forme
de Gouvernement, du moins de Souve-

rain : que le rifque, auquel ils s'expofent
en fe livrant à ce defir, eft peu de chofe
dans les Pays où ils font malheureux ou
croient l'être ; & qu'il y a plufieurs cas
poffibles dans lefquels un million d'hommes, que le Souverain auroit à fa folde,
ne fauroient fuffire pour les empêcher
d'exécuter leurs projets : & l'on fe con-
vaincra fans peine de la vérité de ma
première affertion.

Il n'augmente pas fon pouvoir, & corrompt
le caractère & les mœurs de fon Peuple.

QUelqu'un a dit un jour que le Defpotifme étoit la liberté des Rois. C'eft
une très-fauffe Maxime.

Si l'on entend par Defpotifme l'abus du
Pouvoir, c'eft comme fi l'on difoit que
les hommes ne font libres, ou du moins
ne font ufage de leur liberté, que quand
ils fe font le plus de mal qu'ils peuvent
l'un à l'autre ; qu'ils font en Guerre entre
eux & s'entredéchirent mutuellement. Si
l'on entend par Defpotifme, non l'abus
du Pouvoir, mais le Pouvoir-même lorfqu'il eft illimité ; cette forme de Gouver-

nement en un mot, par laquelle la Nation
en Corps transféreroit à un seul ou à plusieurs tout le Pouvoir Souverain sans réserve, (forme de Gouvernement qui, soit
dit par parenthèse, n'existe nullepart légalement, pas même en Dannemark, quoi
qu'on en puisse dire, & qui ne peut jamais
être présumée existante; mais qui, pour
être légale, doit être clairement exprimée
par la Nation dans le Contrat - social)
alors, dire que le Despotisme est la liberté
des Rois, c'est à peu près comme si l'on
disoit que l'Anarchie est la liberté des
Peuples ; ou encore plus exactement,
comme si l'on prétendoit que les Peuples
ne sont libres, que lorsqu'il n'y a pas de
Loix, mais qu'ils sont gouvernés par le
simple bon-sens ; c'est-à-dire que tout
le Code consistât à leur dire : faites bien
& vous serez bien traités; faites mal &
l'on vous punira : que les Magistrats pro-
cédassent en conséquence de cette sublime
Législation, & distribuassent des récom-
penses ou infligeassent des peines, non
d'après l'énoncé de la Loi, car il n'y en
auroit pas, mais toujours d'après la dis-

difpofition momentanée de leur efprit.

Cette comparaifon eft fort exacte : car, quelle que foit la forme du Gouvernement, il eft évident que la Nation en corps ou les Repréfentants de la Nation, qui ont tranfmis au Souverain le Pouvoir dont il jouit, font toujours *au deffus de lui* ; font toujours non-feulement fes Juges, mais qu'il n'eft même que leur Mandataire dont ils peuvent révoquer le Pouvoir, dès qu'il en abufe. Il faut abfolument convenir de cette Maxime, ou prétendre que le Genre-humain n'exifte que pour l'agrément, le bon plaifir de quelques Familles ; & que le Contrat-focial, loin d'avoir été ima-giné pour le bonheur des hommes, n'a été fait que pour couvrir d'un voile le fe-cret defir de les opprimer. Que l'on ne m'objecte pas les défordres qui réfulte-roien de cette Maxime, il n'en réfulte du défordre (qu'on y prenne bien garde) que lorfque le Contrat-focial eft mal fait ; c'eft-à-dire lorfqu'il n'y a pas de Confti-tution ; pas de Loix Fondamentales : or c'eft précifément où j'en veux venir : c'eft de là que je veux conclure qu'un Monarque abfolu a moins de Pouvoir réel, qu'un Monarque dont le Pouvoir eft borné & fixé par les Loix : car celui-ci ne peut pas être chicanné par ceux qui lui ont donné le Mandat; mais le premier peut l'être, par la raifon que le Mandat n'eft pas clairement énoncé. Dès que les Loix Fondamentales font claires, il n'y a pas de défordres à craindre. Comment un Souverain d'ailleurs, qui a des Troupes, peut-il craindre ce défordre ? Mais enfin quand même il naîtroit des défordres de cette Maxime, ces défordres font-ils, pour le Genre-humain, un mal comparable à l'oppreffion ? Non affurément : un homme vertueux n'ofera pas le foutenir contre moi. Il fe peut que dans le fecret du Cabinet d'un Monarque quelques Savants obfcurs, pour tirer parti de l'erreur du Prince, ne feront pas de mon avis; qu'il y en aura peut-être qui trouveront un plaifir fecret à traiter mon opinion de ridicule : mais qu'ils produifent leurs fophifmes aux yeux du Public ; qu'ils réfutent cet Ecrit, s'ils en ont le courage, je leur en donne le défi folem-

nel à une seule condition : qu'ils mettent
leur nom à la tête de leur Ouvrage, comme
je mettrai toujours le mien à la tête de
tous ceux que j'écrirai; & s'ils rempor-
tent la victoire, que je sois honni de
tout l'Univers : j'y consens volontiers : les
seuls hommes dignes d'être crus, sont ceux
qui ne craignent pas que le Public con-
noisse & juge leurs sentiments & leurs
actions.

S'il est donc vrai que la Nation en Corps
ou les Représentants de la Nation, qui
ont transmis le Pouvoir au Souverain,
sont toujours au dessus de lui ; & que,
si l'on ne fait pas rendre compte aux Souverains de leur Administration, ce n'est
point parce que les hommes n'en ont
pas le droit, mais uniquement parce que
la force coactive leur manque; il est donc
clair que la position d'un Prince, auquel
on a transmis le Pouvoir Souverain sans
réserve, est beaucoup, ou du moins seroit beaucoup plus facheuse (supposé que
la Nation eût la force de lui faire rendre
compte de son Administration) que n'est
facheuse la position du Souverain d'un

Pays qui a des Loix Fondamentales, sur-tout
fi ces Loix Fondamentales font bien faites.

La Liberté d'un Souverain, quand la
Conftitution eft bonne, eft donc à l'égard
de la Liberté d'un Souverain auquel on a
tranfmis le Pouvoir fans réferve, abfolument comme la liberté des Citoyens, qui
font foumis à des Loix claires & bien
faites, eft à l'égard de la Liberté des Citoyens d'un Pays où il n'y auroit pas de
Loix du tout; mais où l'Adminiftration
& les Jugements feroient confiés uniquement au bon fens, c'eft-à-dire à la difpofition d'efprit momentanée de ceux
qui gouvernent : un Monarque abfolu eft
donc dans le fond moins libre, il a moins
de pouvoir *légitime* qu'un Monarque,
dont le Pouvoir eft limité & par conféquent exprimé par les Loix : il eft donc
vrai que le Souverain, qui fappe les
Loix Fondamentales, diminue fon Pouvoir *légitime* au lieu de l'augmenter.

Il le diminue non feulement fous le
point de vue que je viens de décrire, mais
encore fous un autre point de vue bien
plus frappant.

Pour peu que l'on ait regardé à l'entour de foi dans ce monde, que l'on ait confidéré avec attention les évènements de la vie & la marche de l'efprit humain, on doit avoir obfervé que, dans le moral comme dans le phyfique, tout tend à une efpèce d'équilibre : les hommes cherchent à fe dédommager, ou d'une manière ou de l'autre, des gênes qu'on leur impofe ; & ce que l'on gagne d'un côté, on le perd infailliblement de l'autre, & fouvent d'avantage.

Moins un Prince a d'égard aux Loix Fondamentales, plus il manifefte la volonté de détruire tous les Pouvoirs légitimes qui pourroient s'oppofer à fes deffeins ; & plus le defir fecret de lui réfifter & de lui oppofer des obftacles illégitimes enflammera tous les cœurs.

Il n'y a pas de Monarque qui puiffe tout faire par lui-même : il lui faut des Exécuteurs de fes volontés. Ces Exécuteurs peuvent ne pas exécuter du tout, ou exécuter de manière à faire manquer les projets du Monarque : il y a mille manières de le contrarier. Ces Exécuteurs font, dans les

Pays Defpotiques , l'équivalent des Pouvoirs Intermédiaires dans les Gouvernements où il y a une Conftitution ; avec
la différence que ceux , qui ont en main
un Pouvoir légitime de réfifter , font,
s'ils réfiftent , des hommes vertueux :
tandis que ceux au contraire , qui agiffent contre le Prince par des menées
fourdes , ne peuvent être que des mal-
honnêtes gens. Ces Pouvoirs illégitimes
contrarient les Princes bien plus que ne
le peuvent faire les Pouvoirs légitimes
dans un Gouvernement modéré.

Que les Princes , qui ont exécuté ou
ont voulu exécuter de grands projets, fe
rappellent les différentes contrariétés qu'ils
ont éprouvées ; & ils trouveront qu'ils
en ont toujours bien moins éprouvé de
la part des Loix , que de la part des Intriguants. Il eft rare que les Loix empêchent le bien : mais il eft dans la nature
des chofes que les Intriguants faffent tous
leurs efforts, non-feulement pour l'empêcher , mais pour faire faire le mal : &
l'expérience prouve qu'ils joignent au ta-
lént de fufciter des obftacles aux Prin-

ces qui veulent le bien, celui de les con-
duire au mal avec une habilité dont il eſt
preſque impoſſible de ne pas être dupe.
Qu'on parcoure les différentes formes
d'Adminiſtration ; qu'on liſe l'Hiſtoire,
& l'on verra qu'il y a toujours plus d'Intriguants à la Cour d'un Monarque abſolu, dans un Pays où l'on n'a pas de
reſpect pour les Loix Fondamentales, où
un Pouvoir cherche à empiéter ſur l'autre; qu'il n'y en a à la Cour d'un Souverain dont le Pouvoir eſt borné par les
Loix, & qui reſpecte la Conſtitution.

Un Prince, qui marche au Deſpotiſme,
eſt donc bien éloigné de ſe procurer cette
augmentation de Pouvoir réel dont il ſe
flatte.

Il eſt aſſez ſimple qu'il ſe forme, ſous
les Gouvernements Deſpotiques, des eſ-
pèces de Confédérations dans l'Etat contre le Souverain. Des perſonnes, dont les
vues dans le principe ſont droites & pures, & qui ſouffrent de l'abus du Pouvoir,
ſe réuniſſent entre elles; ſe diſent : puiſque
nous ne pouvons pas détruire le Deſpotiſme, tâchons du moins de le diriger

vers le bien, & arrêtons, autant qu'il est
en nous, son action, s'il vouloit se por-
ter au mal. Ces Confédérations contre le
Souverain, quand même elles ne finiroient
pas ordinairement par dégénérer, & par
facrifier le bien général à leur intérêt, à
leurs vues particulières, feroient toujours
nuifibles : au lieu de diminuer les maux
de l'humanité, elles les augmenteroient
toujours : car, ne pouvant pas agir ouver-
tement, elles doivent donc intriguer : elles
doivent cabaler pour entourrer le Prince
de perfonnes qu'elles fuppofent dans les
bons principes, & en éloigner celles dont
les principes leur paroiffent ou mauvais
ou fufpects. Delà il réfultera des protec-
tions & des perfécutions fouvent injuftes,
fouvent même directement contraires au
but de la Confédération : car les perfonnes, qui fe croient les plus fages, ne
font pas toujours celles qui fe trompent
le moins. D'un autre côté, pour pénétrer
les caractères de ceux que l'on veut employer ou éloigner, il faut fe mafquer,
paroître différent de ce que l'on eft : il
faut donc apprendre à tous les Mem-

brés de la Confédération le grand art de
ſe déguiſer : il faut, pour bien faire,
que tous ſoient obligés de rendre compte
aux Chefs de la Confédération de tout ce
qu'ils voient & de tout ce qu'ils entendent : Ainſi la confiance réciproque ; la
franchiſe, qui devroit être la première de
toutes les vertus ſociales, doit diſparoître
néceſſairement dans un Pays où ces ſor-
tes de Confédérations auront une fois
pris une certaine conſiſtance. Le Souverain, qui s'appercevra de ces menées ſour-
des, ſe méfiera de tous ceux qui l'environ-
nent : une triſte expérience apprendra aux
Citoyens qu'il faut toujours être en garde
l'un vis-à-vis de l'autre : il n'y aura plus
d'amitié, plus de ſûreté dans le commerce
de la vie, ni même dans l'intérieur des
Familles, & les liens les plus doux de la
Société ſe trouveront rompus. (d.)

_____

(d) Voyez : *Objections aux Sociétés Secrètes.* S'il
exiſtoit une Société qui parviendroit à établir une eſpèce de Monopole de l'Eſtime-publique, il eſt ſûr
qu'elle gouverneroit le Monde, & que les Deſpotes
les plus déterminés ne ſeroient plus que des machines

Ces maux font une fuite du Defpotifme; car il produira toujours de pareilles Confédérations. Un Prince, qui marche au Defpotifme, corrompt par conféquent

---

dont elle dirigeroit à fon gré les mouvements. On conçoit que l'établiffement d'une telle Société pourroit
avoir de grands attraits; mais on conçoit auffi que le
Defpotifme qu'elle exerceroit, fi elle abufoit de fon in-
fluence (ce qui ne pourroit guère manquer d'arriver)
feroit pire que celui des plus cruels Tyrans : il entraîne-
roit à fa fuite la dépravation de l'Efpèce-humaine :
car la vertu fe roidit contre la force & les tourments;
mais elle réfifte rarement à l'action non - interrompue
du mépris ou de l'indifférence publique. La vraie vertu,
dira - t - on, doit favoir fe paffer de l'Eftime publique.
Elle fait s'en paffer quand il le faut : mais elle aimeroit toujours mieux ne pas être dans la néceffité de
s'en paffer. Il ne faut pas trop exiger des hommes : Il
ne faut pas les tenter, les éprouver fans néceffité :
nous n'en avons pas le droit. Le defir de l'Eftime-
publique eft un fentiment refpectable par lui-même :
ne le gênons point dans fon cours : fi ceux qu'il fait
agir ne font point vertueux, ils le deviendront, quand
l'expérience de l'injuftice des hommes les aura gué-
ris (pourvu que cela ne leur arrive pas trop tôt)
du defir d'en être eftimés. Habitués à la vertu, ils
finiront par l'aimer pour elle - même.

Je ne puis pas voir, fans gémir, la dépenfe exceffive
d'efprit qui fe fait dans le monde, pour enfanter des pro-

quent le caractère & les mœurs de son
Peuple.

Il le corrompt encore d'une autre manière & diminue en même temps son Pouvoir. Le Caractère & les Mœurs d'une
Nation, & le Pouvoir du Souverain dépendent nécessairement du respect que l'on
a pour les Loix : or comment peuvent-
elles être respectées dans un Pays, où le
Souverain inspire lui-même, par la conduite qu'il tient à l'égard de celles auxquelles il est soumis, le mépris des Loix ?
Les Auteurs les plus célèbres conviennent
qu'on ne sauroit procéder avec trop de
circonspection, quand on abolit d'ancien-

---

jets chimériques. Au lieu de songer à former des Anges, que ne cherchons-nous plutôt à trouver un sys-
tème de Législation tel, que nous puissions vivre en
paix entre nous tels que nous sommes ? La vertu pure
sera toujours rare : elle ne doit pas entrer dans un plan
de Législation. Contentons-nous d'écarter les obstacles qui pourroient s'opposer à elle : ne souffrons pas
que des fourbes empêchent l'effet naturel du sentiment
qu'elle doit inspirer : mais ne l'appellons pas à nous
avec importunité. Pas de prix de Vertu, de Bienfai-
sance ; pas de Charlatannerie : nous risquons de faire
venir l'hypocrisie à sa place.

D

nes Loix ou qu'on en fait de nouvelles :
qu'un Souverain se fait du tort à lui-même
& à la Nation, quand il change légèrement,
même cette espèce de Loix auxquelles il
a le droit d'en substituer de nouvelles.
Quel tort ne doit-il pas faire par conséquent à son Pouvoir; & jusqu'à quel point
ne doit-il pas corrompre le caractère &
les mœurs de la Nation, quand on lui
voit violer sans scrupule le contrat qu'il a
fait avec elle, & traiter avec mépris les
Pouvoirs légitimes?

Quelque pures que pourroient être dans
le fond les vues d'un tel Prince, on ne
le croira jamais. On sera toujours persuadé
que c'est son aggrandissement seul, le seul
désir d'une fausse gloire; le désir de changer, & non le désir de remplir ses obligations, qui le guide dans ses entreprises :
& ses Ministres & ses Sujets croiront ne
suivre que son exemple en sacrifiant toujours à leurs intérêts personnels, à leur
gloire, & l'intérêt du Monarque & celui
de la Nation. Comment un Prince, qui
brave les Loix auxquelles il est soumis, ou
(ce qui seroit peut-être encore d'un plus

funefte exemple) qui chercheroit à les
plier, à les interpréter à fa manière, peut-
il s'attendre à troùver des Miniftres vertueux? La vertu nous fournit des motifs
fuffifants pour nous déterminer à facrifier
notre temps & notre fortune au bien
général, au bien de l'humanité : mais
elle ne nous en fournit aucun pour
nous déterminer à fervir la perfonne du
Monarque ; fur-tout fi ce Monarque
force fes fujets, par fa conduite, de penfer
qu'il ne veut pas, ou qu'il ne voit pas le
bien. Or c'eft ce qu'ils doivent penfer d'un
Prince, quelles que foient fes intentions,
qui foule aux pieds les Loix Fondamentales : car on ne peut juger des hommes que
par leurs actions.

Il eft donc vrai que, loin d'augmenter
fon Pouvoir, un Prince, qui manifefte la
volonté de changer de fon chef la Conftitution d'un Pays, quelle qu'elle foit, le
diminue ; & qu'il corrompt le caractère &
les mœurs de fon Peuple.

Il fait à sa Gloire un tort irréparable.

SI le Pouvoir abſolu ſe trouvoit entre les mains d'un Dieu, ce ſeroit, dit-on, & je l'ai dit moi-même, de tous les Gouvernements le plus heureux : car ce Dieu verroit toujours le bien; il le voudroit toujours; & il n'y a pas de Gouvernement ſuſceptible d'une exécution plus prompte. Suppoſons que cette dernière aſſertion fût vraie, quoiqu'elle ne ſoit pas même vraie à la lettre; (car on peut imaginer des Gouvernements où l'exécution ſeroit également prompte, & où le Monarque n'auroit pas la poſſibilité de faire le mal) mais ſuppoſons qu'elle fût vraie, que faudroit-il en conclure? Que ce ſeroit un acte de prudence de confier à un ſeul ou à pluſieurs hommes un Pouvoir ſans bornes ?

On peut dire avec autant de vérité : ſi tous les hommes étoient des Anges, il ne faudroit pas de Gouvernement : ſi tous les Juges étoient des Sages, il ne faudroit pas de Loix Civiles. Peut-on en conclure : donc il ne faut pas de Gouvernement; donc il ne faut pas de Loix Civiles?

Les *Loix* doivent regner fur les Hommes : il faut leur obéir à la lettre & les exécuter avec vigueur. Une marche lente & timide mène rarement au but. Mais le Pouvoir que l'on confie aux Hommes, depuis le Monarque jufqu'au dernier Juge de Village, doit toujours être plus ou moins circonfcrit; toujours clairement déterminé par la Loi, non-feulement pour le bien général, mais même pour le plus grand bien de ceux qui gouvernent. (*e.*)

(*e*) Il ne s'enfuit point de là que les Loix doivent, pour ainfi dire, mener les hommes en laiffe: ce feroit tout le contraire de ce que je penfe. La manie de tout régler eft un des plus grands abus de nos Gouvernements. Il faut régler le moins qu'il eft poffible, non parce que les chofes vont mieux d'elles-mêmes, qu'elles n'iroient fi elles pouvoient être réglées parfaitement; mais parce qu'il y en a beaucoup qu'on n'a pas le droit de régler; & beaucoup, telles que le commerce & fur-tout les opinions, qu'il eft impoffible, quand même on en auroit le droit, de regler de manière, que les maux, réfultants des réglements mêmes, ne foient pas pires que ceux que l'on craint, en abandonnant ces chofes à leur allure naturelle.

Quand on fonge qu'il n'y a pas de Defpotifme légal dans le Monde, & que les
Nations en Corps ont toujours le droit,
quelle que foit la Conftitution, de la chan-

Il ne faut pas perdre de vue le but principal de
l'Ordre-focial. Dès qu'un Règlement (quelqu'utile qu'il
feroit à un objet en particulier) éloigne de ce but, il
ne faut pas fe le permettre.

Les Règlements, que le Légiflateur juge néceffaires,
doivent être faits de manière, qu'on ne puiffe ni fe
méprendre fur fon intention, ni la méfentendre de
propos délibéré.

Les occafions, où les Loix ont le droit de prefcrire, font rares. Quand elles ont ce droit ce n'eft
que par des Conventions particulières : le Contrat-
focial ne le leur donne pas. (Voyez Chap. V. &
VI. *Betrachtungen* &c.) Il eft même rarement de la
prudence de prefcrire ce qu'il faut faire : il eft ordinairement *plus court* de dire ce qu'il faut *ne pas faire*.
Je dis ordinairement : car il faut bien que les démar-
ches pour exécuter les Loix foient prefcrites aux
Magiftrats : mais ceux-ci tiennent à l'Etat par des
Conventions particulières. Les Loix Fondamentales-
mêmes doivent fe borner à dire ce que le Monarque
doit *ne pas fe permettre* : cela fuffira fi elles font
bien *faites*.

Si elles font bien faites, le Souverain a donc le
droit de faire tout ce qu'elles ne lui défendent pas;
& dans tous les cas où il a ce droit, il a le choix
des moyens, fur lefquels il n'eft pas obligé d'écouter des

ger fi elle ne leur paroît pas conforme au
but pour lequel on s'eft réuni en fociété ;
on ne peut pas s'empêcher de prévoir que
les hommes reprendront tôt ou tard, de
force, le Pouvoir qu'on a ufurpé fur eux.
Il eft fort probable qu'ils n'en feront pas
plus heureux fi cela fe fait d'une manière
tumultueufe : voilà pourquoi, quelque ennemi que je fois du Defpotifme, je le fuis
auffi des Révoltes : mais je n'en fuis pas
moins perfuadé que de grandes révolu-
tions nous menacent de toutes parts ; la
fermentation eft générale dans les efprits,
les lumières font trop répandues & le

---

avis. Les hommes font fi bavards, les Corps fi portés
à l'oppofition, qu'on ne finiroit jamais fi on les écou-
toit.

Quand on n'a pas le droit d'agir, il faut chercher
à convaincre : quand on a le droit de fon côté, la
conviction de la partie adverfe eft quelquefois un acte
de prudence; mais elle n'eft pas néceffaire : fouvent
ce feroit perdre fon temps que de la chercher. Souvent, pour fe faire écouter, il faut favoir dire aux
hommes *obéiffez & ne raifonnez pas*. Mais ce n'eft
pas là agir defpotiquement; c'eft agir avec vigueur.
Le Defpotifme réfide dans *l'illégalité*, dans *l'abfence*
de droit.

joug eſt trop manifeſte pour ne pas s'y attendre. (ƒ.)

Comment eſt-il poſſible que des Princes éclairés ne prévoient pas cet évènement, & qu'ils ne cherchent pas eux-mêmes à le

---

(ƒ) Il me paroît bien difficile qu'une Révolte mène les Peuples au bonheur. S'il eſt difficile de faire entendre raiſon à un Monarque, comment fera-t-on entendre raiſon à des Chefs de Rébelles, dont les intérêts ſont ordinairement ſi diviſés entre eux, & ſi différents de l'intérêt général ? Comment ſe flatter que l'ordre naîtra dans le ſein du déſordre ?

C'eſt cette difficulté de faire entendre raiſon, non-ſeulement à la multitude, mais à toute eſpèce de Corps ; la difficulté très réelle qu'il y a de faire avancer les hommes quand on ne leur parle pas en maître, qui porte & attache au Deſpotiſme des perſonnes de très bonne foi, qui deſirent ſérieuſement le bien ; tandis que les maux, que produit le Pouvoir Arbitraire d'un ſeul, perſuadent à d'autres que tout ira bien, pourvu qu'il y ait une bonne Conſtitution.

Sans doute il faut qu'il y ait une Conſtitution : je crois l'avoir ſuffiſamment prouvé dans ce Diſcours : ſans Conſtitution rien n'eſt ſtable. Mais il ne faut pas croire non plus que la Conſtitution ſoit tout : c'eſt la Légiſlation qui eſt le Grand-Œuvre : le but de la Conſtitution eſt d'empêcher la machine de ſe déranger. Ainſi, quand la Légiſlation eſt bonne, la Conſtitution en eſt le complément : c'eſt par elle ſeule que cette bonté de la Légiſlation devient un bien réel : quand au contraire la

prévenir, & à établir leurs droits & la sûreté des Peuples sur une base plus solide,
en formant de concert avec la Nation
des Constitutions dans les Pays où il n'y
en a pas ?

Comment des Princes éclairés & justes
ne voyent-ils pas que tout devroit les por-
ter à exécuter ce magnifique Projet ?

Le Prince, qui le premier en donneroit
l'exemple, seroit aux yeux de tout l'univers un Ange descendu du Ciel pour sau-
ver les Hommes : il mériteroit que la Pos-
térité élevât des Temples à sa mémoire.

Ce projet ne peut pas s'exécuter avec
précipitation ; mais l'exécution, quoique
fort difficile, n'en est ni impossible, ni
aussi lente qu'on pourroit le penser. Cependant il faudroit avoir grand soin de
ne pas l'exécuter à rebours ; de ne pas

Législation est mauvaise, alors la bonté même de la
Constitution peut être un mal.

Je développerai ces idées avec plus d'exactitude dans
mes *Réflexions Pratiques.*

C'est presque toujours faute d'avoir assez approfondi
les raisons de ceux qui sont d'un avis différent du nôtre,
que nous les accusons de mauvaise foi & d'entêtement.

commencer, par exemple, par la Légiflation; mais de faire précéder celle-ci par
la Conftitution : car, quoique le grand
nombre ne foit pas en état de faire des
Loix, il eft fort en état de les juger. Une
Loi, qui fait crier tout le monde, eft
ordinairement mauvaife : &, fi je l'ofe
dire, les Princes même les plus éclairés
& leurs Miniftres ne font guère capables
non plus de faire de bonnes Loix : car
une Loi, pour être bonne, doit être
profondément méditée; & les Princes &
les perfonnes en place n'ont ni l'habitude
ni le temps de méditer : il faut appeller
à fon fecours les lumières de toute la Nation, &, s'il eft poffible, de l'Europe.

Il ne faut pas même commencer bruf-
quement par la Conftitution : car, comme
elle doit être faite de l'aveu de toute la
Nation pour être valide, il faut faire
d'abord une Légiflation préparatoire, qui
feroit uniquement relative à la manière
dont on convoqueroit la Nation, & comment on la feroit repréfenter pour avoir
la plus grande affurance poffible, qu'en
procédant enfuite, de concert avec les

Repréſentans, à la formation d'une nouvelle Conſtitution, cette Conſtitution ſeroit faite de l'aveu de toute la Nation.

S'il eſt clair qu'un Prince, qui auroit la grandeur d'ame de prendre ce parti, obtiendroit & mériteroit à juſte titre la plus grande Gloire que jamais Prince ait acquiſe; un Prince, qui *perſiſteroit* (g) à

(g) Je dis qu'un Prince, qui détruit les Loix Fondamentales dans ſes Etats, fait à ſa gloire un tort irréparable. Il eſt clair qu'il n'en eſt pas de même d'un Prince qui, entraîné d'un côté par le deſir du bien public, peut-être même par les plaintes d'un grand nombre de ſes Sujets contre les Formes exiſtantes; & d'un autre côté par l'expérience qu'il auroit faite des obſtacles que rencontrent toujours les changemens même les plus utiles que l'on veut faire paſſer à la pluralité des ſuffrages; ſe ſeroit laiſſé aller à vouloir changer de ſon chef la Conſtitution de ſes Etats; mais qui, ſentant enſuite l'illégalité de ſa marche, ſeroit revenu ou reviendroit ſur ſes pas. Un tel Prince mériteroit & obtiendroit à juſte titre les plus grands éloges de la Poſtérité, & inſpireroit à ſes Sujets la plus vive reconnoiſſance. Il n'y a que de très mauvais eſprits qui pourroient ne pas ſentir toute la grandeur d'un tel procédé.

En général il faudroit, en jugeant, ſéparer les hommes des actions. Celles-ci doivent toujours être jugées avec rigueur; ceux-là, ſouvent avec indulgence.

fuivre la route oppofée; qui, loin de mettre lui-même des bornes à fon Pouvoir,

---

Il y a une grande différence entre *mal faire*, & *être
blamable d'avoir mal fait.*

Moins la vérité d'un Principe a été généralement
reconnue dans le temps dans lequel on a agi, moins
on doit être condamné d'avoir méconnu ce principe
en agiffant.

Je crois avoir prouvé dans cet Ecrit qu'un Monarque
n'a pas le droit de toucher de fon chef à une Conftitution, quand même elle feroit évidemment vicieufe : mais
combien y a t'il de perfonnes éclairées qui aient été
bien pénétrées de cette vérité jufqu'à préfent ? J'en ai
rencontré fort peu : & c'eft précifément ce qui m'a
déterminé à écrire fur cette matière. La plupart de
ceux avec qui l'on parle, même de ceux qui défendent la Conftitution de leur Pays avec le plus de
zèle, vous diront qu'un Souverain peut changer de fon
chef une Conftitution qui feroit vicieufe évidemment;
mais qu'il ne doit pas toucher à celle de leur Pays,
parce qu'elle eft bonne. Ce raifonnement, quand
même il feroit vrai, feroit dangereux pour tous ceux
qui n'ont pas des idées nettes de l'évidence; & il y a
peu d'hommes qui en aient des idées nettes : car
les hommes n'agiffent pas d'après la réalité des chofes : ils ne peuvent agir que d'après les impreffions
que ces chofes font fur leur efprit. Ce n'eft pas la
conviction des autres, c'eft la nôtre qui nous guide.

Ainfi, du moment que vous admettez que l'on peut
changer de fon chef une Loi Fondamentale qui feroit
mauvaife, tout eft dit : il n'y a plus de règle : il

chercheroit à détruire ou par la Force ou
par la Politique les Loix Fondamentales

---

n'y a plus de Conſtitution. Vous devez admettre
qu'on pourroit la changer également quand même elle
feroit bonne : & du moment que vous admettez qu'on
pourroit la changer de ſon chef ſi elle étoit évidemment vicieuſe , vous devez excuſer celui qui , la
croyant telle , entreprendroit ce changement de ſon
chef : vous devez l'excuſer à moins que vous n'ayez
commencé par lui donner une idée nette de l'évidence.

Ce raiſonnement feroit nuiſible ſous ce point de
vue quand même il feroit vrai : mais il eſt faux en lui-
même. Je l'ai prouvé dans la première Partie de ce
Diſcours. Quand il n'y a pas de *droit* , *l'évidence*
n'en donne pas. Il y a des cas où l'on n'a le *droit*
d'agir , que quand on a *l'évidence* de ſon côté : mais
qu'eſt-ce que cela veut dire ? Quelle eſt , dans ces cas
la choſe qui doit être *évidente* ? C'eſt le *droit. L'évidence du droit* , mais non *l'évidence de l'utilité* donne
le droit d'agir.

*Il ne faut pas faire un petit mal dût-il en réſulter
le plus grand bien. On n'a pas le droit de rendre un
homme heureux malgré lui.* Ce ſont là les principes
qui font la baſe de tout ce que j'ai prouvé dans ce
Diſcours : dès que l'on s'en écarte on s'égarera toujours. Ils ſont vieux ces principes : mais ils ſont ſi
vieux qu'on les a oubliés. En effet combien y a t'il
d'ouvrages de nôtre temps dans leſquels ils ſoient dé-
veloppés bien clairement ? Combien n'y en à t'il pas
au contraire , qui mènent à des conſéquences tout-

dans fes Etats, feroit certainement à fa
Gloire un tort irréparable; tort, dont les

---

oppofées? C'eft donc moins à ceux qui méconnoiffent
ces vérités dans la pratique, qu'à l'inftabilité des
Principes fur lefquels ou appule la Morale, qu'il faut
s'en prendre des maux qui affligent l'humanité.

Les nombre des Perfonnes, même dans la Claffe
qu'on nomme la Claffe éclairée de la Société, qui méconnoiffent ces vérités, eft beaucoup plus grand qu'on
ne penfe. Tous ces hommes, qui feroient honteux
de ne pas marcher fans guide; tous ceux qui, par
efprit de bienfaifance, voudroient que les Loix euffent
une marge qui permît à leur raifonnement de les élu-
der quelquefois; qui, pour faire du bien à leur pro-
chain, ne fe font pas fcrupule de fe mettre au-deffus
des Loix; feroient des Defpotes s'ils en avoient le
pouvoir : de même que tout Defpote, s'il étoit fimple Citoyen, fe mettroit au-deffus des Loix s'il en
avoit l'occafion. Les faux principes de ce genre font
auffi nuifibles à ceux qui commandent, qu'ils font nuifibles à ceux qui obéiffent.

Ce que je viens de dire n'eft relatif à aucun pays,
à aucun évènement en particulier. Je fuis beaucoup
trop peu inftruit des faits pour fonger à faire des ap-
plications. Je pofe des principes : & quand je donne
des exemples, c'eft uniquement pour qu'on ne déduife
pas de mes principes des conféquences fauffes. Ce
même motif m'oblige à donner encore un éclairciffe-
ment.

J'ai dit que des Princes éclairés & juftes devroient

plus grandes qualités, les plus brillantes Conquêtes ne le fauveroient jamais : car

---

mettre eux-mêmes des bornes à leur Pouvoir. Si l'on vouloit en conclure qu'il n'y a donc pas de Prince jufte & éclairé, parce qu'il n'y en a pas (depuis long temps du moins) qui ait donné cet exemple à l'humanité; on tireroit de ce que j'ai dit une très-fauffe conféquence.

Il n'eft pas étonnant que l'idée de mettre des bornes à leur Pouvoir ne vienne pas d'elle-même à des Souverains très bien intentionnés d'ailleurs. Qu'éprouvent les Princes qui font les plus portés au bien; qui ont la plus ferme volonté de maintenir les Loix en vigueur; de foulager la mifère publique, & de traiter ceux qui écrafent le Peuple avec la févérité qu'ils méritent ? Dans le nombre des projets utiles qu'ils conçoivent, il y en a plus de la moitié qui échouent; parce que ceux, qui perdent à la réforme des abus, leur tendent conftamment des pièges : or ces Princes voyant combien peu leur volonté eft fuffifante pour faire réuffir des projets utiles, même dans cet état de Toute-puiffance dans lequel ils *croient* fe trouver; n'ayant pas affez réfléchi pour fentir que le Defpotifme lui-même eft la caufe de ces maux, comment fongeroient-ils à mettre à leur bonne volonté de nouvelles entraves; à donner à d'autres volontés le droit de contredire la leur ?

Les Princes, ainfi que les autres hommes, ne jugent ordinairement de ce qui eft poffible que par ce qu'ils voient fous leurs yeux : or de nos jours dans

plus les idées nettes fur les droits réciproques des hommes fe répandront dans le Monde,

tous les Pays., où le Pouvoir Monarchique fe trouve limité, c'eft bien moins par les Loix qu'il eft limité, que par des volontés, quelquefois bonnes, fouvent mauvaifes, que les Légiflateurs ont jugé à propos d'oppofer au Pouvoir des Chefs de la Nation.

Pour que l'idée de mettre des bornes à leur Pouvoir vînt aux Souverains, il faudroit qu'ils fuffent convaincus d'abord qu'on peut mettre des bornes à fon Pouvoir, fans foumettre fa volonté à la volonté & par conféquent aux véxations des autres hommes.

Faire dépendre fa volonté de la volonté d'un autre, & faire dépendre fa volonté des Loix, font deux chofes bien différentes. Il n'y a pas d'homme qui confentira de bonne grace à la première : quel eft celui d'entre-nous qui voudroit introduire lui-même dans fa maifon un Cenfeur, fans l'avis duquel il ne pourroit rien entreprendre ? Mais prefque tous les hommes confentiroient volontiers à la dernière. Vouloir ne faire dépendre fa volonté, ni de la volonté des autres, ni des Loix, ne peut être que le vœu d'un homme injufte : celui, qui manifefte cette volonté, fe déclare l'ennemi du bien public : il fe met en état de guerre avec tout le Genre-humain. Ce vœu eft non-feulement le vœu d'un méchant, c'eft le vœu d'un infenfé : car, que l'on foit Sujet ou Souverain, il faut opter, il n'y a pas de milieu : il faut que notre volonté dépende des autres hommes, ou des Loix. C'eft une vérité incontestable que

Monde, & plus la manière, dont le Public jugera les Princes, se rapprochera de celle dont ils sont appréciés par les Sages, auxquels les Conquêtes & les Trophées ne font jamais illusion.

---

j'ai déjà prouvée sous plusieurs points de vue, & que je développerai encore mieux dans les *Réflexions Pratiques* qui suivent ce Discours. Si les Souverains étoient convaincus de cette vérité : s'ils voyoient clairement que, pour ne pas dépendre des hommes, il faut dépendre des Loix; que l'un est possible sans l'autre, & que le moyen le plus efficace par conséquent pour étendre leur Pouvoir, seroit de circonscrire leur propre volonté par des Loix; ils seroient aussi portés à établir des Loix Fondamentales, qu'ils semblent les avoir en aversion aujourd'hui.

RÉFLEXIONS

E

RÉFLEXIONS PRATIQUES.

SI les hommes étoient dans une profonde ignorance de leurs droits, on auroit peut-être moins de sujet de chercher à les éclairer : mais ils se trouvent dans un état moyen dont il résulte nécessairement une vacillation dans les principes qui ne peut produire que des maux. C'est un état dont on ne sauroit les tirer trop tôt ; & s'il y a un moyen de les en délivrer, c'est de leur montrer la vérité dans toute sa simplicité : des opinions exagérées nuisent à la meilleure Cause. Il faut tâcher de parvenir à des résultats fixes, & il seroit heureux pour l'humanité que tous ceux, qui ont des idées nettes, voulussent y travailler.

Des ouvrages, qui ne sont dictés par aucun esprit de parti, sont à la vérité moins lus, moins prônés que ceux que dicte l'exagération : mais ce sont les seuls qui puissent être utiles, surtout dans de

telles circonſtances , & c'eſt ce qui m'a
déterminé à publier le Diſcours précédent joint aux Réflexions ſuivantes.

§ I.

DAns le Diſcours précédent je n'ai parlé
principalement que du Deſpotiſme-Monar-
chique : mais quand on dit qu'il faut détruire le Deſpotiſme , on veut dire qu'il
faut bannir, autant qu'il eſt poſſible, tout
l'Arbitraire de l'Ordre-ſocial : c'eſt-à-dire
qu'il faudroit monter l'Adminiſtration de
manière, que ce fuſſent les Loix, & non
les hommes, qui gouvernaſſent.

Le Deſpotiſme peut exiſter ſous toutes
les formes de Gouvernement; & il peut
être direct ou indirect. Il eſt direct, quand
le Pouvoir, qui eſt confié ſoit aux Chefs
ſoit aux Subalternes, n'eſt pas déterminé
par la Loi : il eſt indirect, quand le Pouvoir,
qui leur eſt confié , eſt à la vérité déterminé par la Loi ; mais que les Loix
ſont mal faites , & qu'elles peuvent par
conſéquent être éludées, ou par ceux à
qui le Pouvoir eſt confié, ou par d'autres
E ij

La deſtruction du Deſpotiſme eſt donc bien plus dépendante de la bonté de la Lé-giſlation, & de la manière dont l'Adminiſ-tration eſt montée, que de la forme du Gouvernement. Plus l'Adminiſtration ſera ſimple, moins les objets dont elle s'occu-pera ſeront variés & compliqués ; & plus il ſera facile d'éviter le Deſpotiſme, c'eſt-à-dire l'Arbitraire dans la marche des affai-res. Ainſi, toutes choſes d'ailleurs éga-les, l'Arbitraire paroit plus difficile à évi-ter dans une République que dans une Monarchie, parce que la machine eſt plus compliquée : les avantages que le Gou-vernement d'un ſeul a ſur le Gouverne-ment Républicain, paroiſſent diminuer en raiſon que l'art de la Légiſlation ſe per-fectionne : mais, s'il falloit choiſir entre deux maux, on préféreroit le Deſpotiſ-me Monarchique au Deſpotiſme Républi-cain.

L'Arbitraire eſt fort difficile (pour ne pas dire impoſſible) à éviter ſous tous les Gou-vernements où la liberté du Commerce & de la Preſſe ne ſera pas illimitée, ou du moins fort grande; où les Impôts indi-

rects ne feront point transformés en un
Impôt-Territorial; (*b*) où les Adminiftra-
tions n'auront pas le courage de fe débar-
raffer d'une multitude de foins, qu'elles
ont attirés à elles par un defir du bien
mal·entendu. Il faut favoir ne pas s'occuper, ne pas s'inquiéter de certains objets, pour s'occuper d'autant mieux de
ceux dont on doit s'occuper néceffairement.

C'eft la non-exiftence ou le vice des Loix
Fondamentales, qui conftitue le Defpotifme direct ou indirect des Chefs : & c'eft
le vice ou la non-exiftence des Loix Civiles & de Régie, qui produit le Defpotifme direct ou indirect des Subalternes.

L'exiftence ou la bonté des Loix Fondamentales ne prouve pas la bonté des
Loix Civiles & de Régie : ainfi la bonté
de la Conftitution ne prouve pas la bonté
du Gouvernement; mais elle affure la durée de l'Ordre actuel, quel qu'il foit.

Par la même raifon, la deftruction du

_____

(*b*) Je ne confidère ici l'Impot-Territorial & la liberté du Commerce & de la Preffe que dans le rapport qu'ils ont avec le Defpotifme.

D iij

Defpotifme des Subalternes dans une Monarchie n'étant rien moins qu'une fuite
néceflaire de la limitation du Pouvoir-Arbitraire du Monarque, il ne faut pas croire
qu'il fuffife, pour éviter le Defpotifme, de
mettre des bornes au Pouvoir du Souverain : il n'y a pas de liaifon néceflaire entre ces deux Defpotifmes.

De deux Pays, dont l'un auroit de bonnes Loix d'Adminiftration, c'eft-à-dire de
bonnes Loix Civiles & de Régie, mais pas
de Loix, ou de mauvaifes Loix Fondamentales; tandis que l'autre Pays auroit
une bonne Conftitution, mais de mauvaifes Loix Civiles & de Régie, le dernier Pays feroit le plus malheureux; non
feulement parce que la bonté même de
fa Conftitution lui affureroit la durée de
fon déplorable état, mais parce que le
bonheur, c'eft-à-dire la fûreté & la liberté dépendent plus immédiatement des
Loix d'Adminiftration, que des Loix Fondamentales.

Le vice ou la non-exiftence de la Conftitution ne fe fait fentir que de loin en
loin, tandis que le vice ou l'abus de

l'Adminiſtration ſe fait ſentir à chaque
inſtant. D'ailleurs le Deſpotiſme des Subalternes (& par la même raiſon le Deſpotiſme des Chefs d'une République) eſt
plus dur que celui du Monarque; parce
que la diſtance des Citoyens à eux eſt
moindre que celle des Citoyens au Monarque, & que leurs intérêts par la même
raiſon ſont plus mêlés.

On aimeroit mieux vivre, s'il falloit
opter, dans celui des deux Pays qui n'auroit pas de Conſtitution : mais ils ſeroient malheureux l'un & l'autre ; l'un
de fait, & l'autre parce que ſon bonheur
ne ſeroit que tranſitoire : car, quoique
le défaut de Conſtitution ne rende point
par lui même les Loix d'Adminiſtration
mauvaiſes, il eſt impoſſible, comme je
crois l'avoir ſuffiſamment prouvé dans le
Diſcours, qu'il n'entraîne pas leur ruine à
ſa ſuite, & que le Deſpotiſme d'un Chef
n'engendre pas celui des Subalternes.

Cependant on ſent, par ce que je viens
de dire, qu'il peut y avoir des perſonnes
de très-bonne-foi fort portées pour le
Pouvoir-Arbitraire d'un ſeul. Le Deſpo-

tifme des Subalternes dans une Monarchie, difent-elles, eft auffi contraire au
Pouvoir du Chef, que nuifible aux Sujets : le Monarque abfolu eft par conféquent porté par fon propre intérêt à réprimer ce Defpotifme, à donner de bonnes Loix, à fimplifier l'Adminiftration.
Il y eft plus intéreffé que n'y font inté-
reffés les Chefs dans une République;
& il a plus de moyens qu'eux, & qu'un
Monarque dont le Pouvoir eft limité,
pour exécuter fes projets. Tout cela eft
vrai, du moins en grande partie. Cela
prouve que le Gouvernement Monarchique en effet a de grands avantages;
mais cela ne prouve pas qu'il doive être
Arbitraire : cela prouve que les Loix
Fondamentales doivent être bien faites,
& que toutes les Conftitutions exiftantes
font peut-être mal-faites : cela prouve
qu'il feroit de l'intérêt d'un Defpote de
faire toutes ces chofes : mais l'expérience
nous prouve qu'ils n'en font rien. Et
comment les feroient-ils? Il faudroit qu'ils
fuffent plus que des hommes : & dès
lors ils fentiroient que le bonheur du

Defpotifme eft un bonheur éphémère :
ils chercheroient à détruire le mal dans
fa racine.

Les perfonnes portées pour le Pouvoir
Monarchique abfolu, qui réfléchiffent,
ne regardent pas le Pouvoir - Arbitraire
d'un feul comme utile en lui-même : elles
fentent, comme nous, qu'il vaudroit encore mieux que ce Pouvoir fût réglé par
les Loix ; mais elles ne croient pas que
cela foit poffible : elles croient, qu'en li-
mitant le Pouvoir du Monarque, on
étendra toujours celui des Subalternes : or,
entre deux maux, elles préfèrent celui qui
leur paroît, & qui en effet feroit le moindre, fi leur fuppofition étoit vraie ; mais
c'eft leur fuppofition qui eft fauffe : &
plus l'art de la Légiflation fera perfection-
né, plus elle fera fauffe.

Si les Loix Fondamentales faifoient du
tort aux Loix d'Adminiftration, les Apologiftes du Defpotifme auroient raifon :
mais pourquoi leur feroient-elles du tort ?

Quelle raifon y a-t-il de croire, parce
que les unes de ces Loix font bien faites, que les autres feront mal - faites ?

Pourquoi ne pourroit-on pas exprimer
clairement ce qui eſt défendu aux Subalternes, parce qu'on aura exprimé clairement ce qui doit être défendu au Souverain? La clarté des Loix détruit le Deſpotiſme en général; c'eſt-à-dire, bannit
l'Arbitraire de l'Adminiſtration. Quand
tout le monde ſait ce que chacun dans
l'Etat a le droit de ſe permettre, le Deſpotiſme ne peut plus ſe déguiſer, & dès
lors il eſt à peu-près nul : & tous ceux
qui jouiſſent d'un Pouvoir légitime, ſur-
tout le Monarque, en qui réſide la plé-
nitude du Pouvoir exécutif, doivent néceſſairement gagner à ſa deſtruction : car
le Pouvoir illégitime ne peut guère exiſter long-temps, ſans exiſter aux dépens
du Pouvoir légitime. Tout le monde ga-
gneroit à la deſtruction du Deſpotiſme,
& ceux qui obéiſſent, & ceux qui ont le
droit de commander; ceux-là parce qu'ils
n'obéiroient plus qu'aux Loix, ou du
moins qu'à ceux qui ont le droit d'ordonner, de la manière que les Loix les
y autoriſent; & ceux-ci parce qu'ils ſeroient plus ſurs que leurs ordres ſeroient

exécutés. Les Intriguans feuls, c'est-à-dire, ceux qui veulent gouverner fans en avoir le droit, y perdroient.

Il en est du Gouvernement comme de toutes les autres chofes de ce monde : pour qu'il foit bon, il faut non-feulement qu'il nous procure des avantages, mais que ces avantages foient durables. Le but de la Conftitution est la confervation de l'Ordre établi : mais la perfection de la Conftitution confifte à affurer la durée de l'Ordre-focial, fans en diminuer la bonté, & fans en empêcher la perfectibilité.

Une telle Conftitution exifte t'elle ? Non. Eft-elle poffible ? J'en fuis perfuadé, pour ne pas en dire d'avantage.

Si l'on n'entendoit par Conftitution que ces Pouvoirs oppofés les uns aux autres ; ces Corps dans l'Etat, dont les intérêts font différents & fe contre-balancent, il fe pourroit très-bien que les Apologiftes du Defpotifme euffent raifon : je fuis per-fuadé (& des Auteurs François célèbres & refpectables de notre temps en ont été per-fuadés & l'ont enfeigné longtemps avant que j'y euffe penfé) que ces contre-poids

ne rendent la machine que plus compliquée. Il ne faut pas confondre les Loix
Fondamentales mêmes , qui prescrivent
ce que le Monarque doit ne pas se permettre , avec les *mesures* directes ou indi-
rectes que l'on prend pour l'empêcher de
violer ces Loix. Les contre-poids dont
je parle ne sont que des moyens que
l'on a imaginés pour veiller sur le Monarque.

Quand les Loix elles-mêmes sont énon-
cées vaguement ; qu'elles se contentent,
pour ainsi dire, d'opposer au Monarque
un Pouvoir ou des Pouvoirs Intermédiaires , au bon-sens & à la bonne volonté
desquels elles s'en rapportent pour empêcher le Prince d'abuser de son Pouvoir ;
elles augmentent l'Arbitraire au lieu de le
diminuer. Il en est dans ce cas des Pouvoirs Intermédiaires , à peu-près comme
de la Censure des Livres qu'on a imaginée
pour limiter la liberté de la Presse. Une
bonne partie des Réflexions que j'ai faites
contre la Censure , sont applicables ici.
(Voyez Chap. IV. *Betrachtungen.*) C'est
la paresse des Législateurs , l'ignorance

des juſtes meſures à prendre, qui a fait imaginer ces moyens inefficaces.

Le Légiſlateur ne doit jamais compter ni ſur la bonne volonté ni ſur l'intelligence des hommes : ce qu'il veut il doit chercher à l'obtenir par les Loix. Mais la différence qu'il y a entre la conduite qu'il doit tenir à l'égard des Citoyens, & celle qu'il doit tenir à l'égard de ceux à qui il confie le Pouvoir; c'eſt qu'il doit limiter la liberté des premiers le moins qu'il eſt poſſible; & celle des derniers, par la même raiſon, le plus qu'il eſt poſſible.

Plus les Loix ſont parfaites, & moins il eſt néceſſaire, par la nature de la choſe, de prendre des meſures pour les faire obſerver : car, les ſuppoſant parfaites, on en ſentira la perfection ſoi-même, & on ne ſera pas tenté, ſi l'on eſt juſte, de les violer : & quand même on ne ſeroit pas juſte, leur perfection étant généralement reconnue, leur tranſgreſſion entraînera trop évidemment l'indignation publique après ſoi, pour qu'on puiſſe être tenté, pour peu qu'on ait de l'honneur,

de les violer. Eft-il néceffaire que la Police prenne des mefures pour empêcher
les perfonnes d'une certaine Claffe de
voler publiquement dans les poches ?
Non. Pourquoi ? Parceque c'eft une in-
famie reconnue pour telle que de voler
dans les poches. En attendant, quoiqu'il
ne faille pas des mefures de Police, il
faut cependant profcrire les vols & punir
ceux qui s'en rendent coupables : la Loi
& la peine n'ont pas d'inconvénients.
Mais fi, pour empêcher le vol dans une
Affemblée, on lioit les mains derrière le
dos à tous ceux qui s'y trouvent, que
diroit-on ?

Quand les Loix Fondamentales font
bien faites; quand on y trouve bien clairement énoncé & détaillé ce que le Monarque ne doit pas fe permettre, on peut
& il faut exprimer dans ces Loix, c'eft-
à-dire, dans la Conftitution, que perfonne ne doit obéir au Prince, quand il
ordonne une chofe contraire aux Loix
Fondamentales, & à toutes celles dont le
Légiflateur ne lui aura pas donné le droit
de difpenfer.

L'opinion publique, dès que les Loix feront claires, c'est-à-dire, dès que chacun faura exactement ce qu'elles profcrivent, fera un Pouvoir-Intermédiaire plus efficace que ne le féroient des Parlements.

Que les Loix foient évidentes; & l'opinion publique fuffira, non-feulement pour contenir le Prince, mais auffi pour empêcher les Sujets d'obéir, lorfque le Prince voudra les faire agir contre les Loix. Qui eft-ce qui obéiroit à un Prince aujourd'hui, s'il ordonnoit un Affaffinat?

Cependant je ne prétends pas qu'il faille fe contenter de ce feul défenfeur de la Conftitution, (l'opinion publique) quelque puiffant qu'il foit à mes yeux. Quand les Loix Fondamentales font évidentes, on peut leur donner une Sanction pénale, qu'on ne pourroit jamais fe permettre, tant qu'elles feront auffi défectueufes que le font nos Conftitutions actuelles; une Sanction pénale qui, fans donner dans l'Etat à aucun Corps particulier de Pouvoir redoutable ou vexatoire, feroit plus redoutable pour les Princes, qu'aucun Pouvoir qu'on pourroit leur oppofer. Le crime de Lèfe-Conftitution doit être le plus grand des Délits : & on peut, imaginer des peines (pour ceux qui s'en rendent coupables au premier chef, foit en ordonnant, foit en obéiffant) capables de guérir de l'envie de s'en rendre coupables les hommes les plus puiffants.

S'il y a des Loix, qui doivent être faites de manière qu'elles ne foient pas fucceptibles de différentes interprétations, ce font les Loix Fondamentales : mais les objets fur lefquels elles portent font en fi petit nombre, qu'on peut efpérer raifonnablement, pourvu qu'on en ait la volonté, de venir à bout, fans de prodigieux efforts de génie, de les faire telles qu'elles doivent être faites.

Sans approfondir cette matière, jettons-y un coup-d'œil.

Tant que le Monarque pourra employer les Armées avec la même facilité pour opprimer fon Peuple, avec laquelle il les fait marcher pour le défendre, & avec laquelle il doit avoir la faculté de

les

les faire marcher pour réprimer les sédi-
tions : tant qu'il pourra imposer la Nation à volonté : tant qu'il pourra faire des
Loix, ou en abolir ; c'est-à-dire, tant
qu'il pourra, sans le consentement exprès
de la Nation, déranger l'Ordre établi :
tant qu'il ne ne sera pas exprimé dans
la Constitution jusqu'à quel point le Monarque est soumis lui-même pour sa Personne aux Loix Civiles : tant qu'il ne sera
pas fixé avant toute autre chose, d'une
manière invariable, comment la Nation
doit être représentée ; il n'y aura pas d'Ordre-social.

C'est du plus ou moins de perfection
de toutes ces choses ensemble, que dé-
pend le plus ou moins de perfection de
l'Ordre-social. Mais quand une fois 1°.
la manière de convoquer, ou plutôt de
faire représenter la Nation ; 2°. la manière
de percevoir les Impôts & d'administrer
les fonds publics seront réglées & que
3°. le Code des Loix Civiles & Crimi-
nelles sera fait ; le reste n'est plus difficile. Or c'est le reste, c'est-à-dire les mesures que l'on prend pour que l'Ordre une

F

fois établi ne foit plus dérangé , qui forme
la Conftitution. Par exemple : c'eft dans
la Conftitution qu'il faut exprimer d'une
manière claire & précife dans quels cas
l'Armée doit ne pas obéir au Monarque :
c'eft dans la Conftitution qu'il faut exprimer ce que l'on entend par *changer l'Ordre
établi*, & ce que l'on entend par *gouverner* &c.

§ . I I.

QU'on ne s'imagine pas que l'on détruiroit le Pouvoir-Monarchique, fi l'on
déterminoit dans la Conftitution dans
quels cas l'Armée doit ne pas obéir au
Chef de la Nation.

Si l'on établiffoit un Pouvoir dans l'E-
tat, fans le confentement duquel le Monarque ne pourroit pas raffembler ou faire
marcher les Troupes dans certains cas, &
qu'il dépendît de la prudence & de la
bonne-volonté de ce Pouvoir d'accorder
ou de refufer fon confentement; alors les
Monarques auroient de juftes fujets de
ne pas être contents d'un tel arrangement :
car on rendroit leur volonté dépendante
de la volonté arbitraire d'un autre : ce

qui eſt une choſe à laquelle perſonne à
leur place (voyez la Note *g.*) ne ſe prê-
teroit de bien bonne-grace. L'Ordre-ſocial
même, loin d'y gagner, y perdroit : l'exécution qui doit être prompte deviendroit
lente; & en général on augmenteroit l'Arbitraire dans l'Adminiſtration, au lieu de
le diminuer. (Voyez le § I.) Mais
quand on exprime dans la Conſtitution,
par des Loix claires & bien faites, dans
quels cas l'Armée doit ne pas obéir au
Monarque; alors on prend un parti ſans
lequel il eſt impoſſible de mettre des bornes au Deſpotiſme, ſans lequel il n'y aura
jamais de ſûreté pour la Nation; & loin
de reſtreindre le Pouvoir du Monarque,
on l'étend dans le fait.

Il ne ſuffit pas, pour que l'Armée marche, que le Souverain veuille la faire marcher, il faut *qu'elle veuille* marcher : & pour
qu'elle le veuille, il faut ſur-tout que le
Corps des Officiers en ait la volonté.

Si l'on conſidère à préſent que le Corps
des Officiers forme, du moins dans beaucoup de Pays, une des Claſſes les plus
éclairées de la Société, on ſentira que les Ar-

mées feront bien plus portées à obéir fi
elles font cenfées au fervice de l'Etat ; fi
leur obligation d'obéir eft fondée fur les
Loix, que fi elle n'eft fondée que fur une
Convention particulière faite avec la perfonne du Souverain ; & fi la Loi ou la
Convention qui leur prefcrit l'obéiffance
eft conforme à la Raifon, que fi elle eft
déraifonnable. Ainfi fi on oblige les Armées d'obéir au Monarque dans tous les
cas fans aucune reftriction, .comme elles
fentiront qu'il eft impoffible qu'il n'y ait
pas des cas qui devroient être exceptés ;
des cas où l'obéiffance eft moralement-im-
poffible, parce qu'elle feroit contraire à
leur obligation naturelle antérieure à toute
Convention, à toute Loi pofitive ; elles fe
permettront bien plutôt de confulter quel-
que-fois avec leur confcience avant d'o-
béir ; & même de défobéir ou d'obéir mal
dans ces cas ; qu'elles ne fe le permettroient
fi la Loi elle-même déterminoit les cas
où l'obéiffance doit ceffer.

Si la Loi exprimoit clairement les bornes de cette obéiffance, guidées pour ainfi
dire par le Légiflateur lui-même, elles s'en

rapporteroient à fa fageffe : la fageffe de la
Légiflation appaiferoit les fcrupules qu'elles pourroient avoir quelquefois, & elles
obéiroient d'autant plus promptement au
Monarque fans examen dans tous les cas
non-exceptés par la Loi.

Perfonne n'eft plus convaincu que je
ne le fuis qu'il n'y auroit plus d'obéiffance
du tout, fi ceux qui doivent obéir pouvoient fe permettre de raifonner fur les
ordres qu'on leur donne; de les analifer.
Il faut remplir fes engagements & obéir
aux Loix à la lettre : mais pour que cela
foit moralement-poffible, il faut commencer pour être convaincu qu'on a le *droit*
d'obéir; & dans la règle il faut même être
convaincu (du moins pour obéir de bon-
cœur) que celui qui ordonne a le droit
d'ordonner.

Il ne le faut pas toujours pour être
obligé d'obéir; car les Individus dans la
Société font obligés d'obéir aux Loix,
quand même ils n'auroient point la conviction qu'il exifte un Contrat - focial.
Ils doivent obéir, quand même ils feroient fûrs qu'il n'exifte pas un tel

Contrat ; quand même ils feroient fûrs
que celui qui les gouverne eft un Ufur-
pateur. Ils doivent alors cette foumif-
fion, non au droit de celui qui gouverne ;
ils la doivent au bon-ordre, au bien général, c'eft-à-dire à eux-mêmes & à leurs
Concitoyens.

Mais on ne peut obéir dans aucun cas,
à moins qu'on n'en ait le *droit*.

Examinons donc à préfent 1°. ce que
c'eft que cette obéiffance paffive que nous
devons, foit à nos engagements, foit aux
Loix ; & quelles font les bornes de cette
obéiffance. 2°. examinons quelle différence
il y a, entre l'obéiffance que nous devons à un homme ou à quelques hommes
auxquels nous nous fommes engagés d'o-
béir, & l'obéiffance que nous devons
aux Loix ; enfin quelle différence il y
a entre l'obéiffance que les Citoyens
en général & les Exécuteurs des Loix doivent à l'Etat, quand il n'y pas de Contrat-
focial légal, & celle qu'ils doivent à l'E-
tat, quand il exifte un tel Contrat.

Pour bien développer mes idées, il faut
remonter aux principes. C'eft ce que je

ferai. Je m'écarterai même de mon sujet
pour faire un Episode sur le Bonheur;
parce que je m'imagine que je jetterai par
là un nouveau jour sur tout ce que j'ai
dit jusqu'à présent, & établirai mes principes sur une base d'autant plus solide.

Du Bonheur.

LE Bonheur des hommes en général
est le but de la Morale & de la Législation : cependant on fait des Traités de
Morale, des Codes de Loix, & on ne
commence pas par se demander ce que
c'est que ce Bonheur que l'on cherche;
ou du moins on se contente d'idées va-
gues; on ne commence point par se procurer du Bonheur une idée nette. Cela
n'est-il pas inconséquent? Cela est inconséquent de la part de ceux qui desirent
le bien : mais cela ne l'est point de la
part de ceux qui veulent tromper les hommes. Il leur est commode d'avoir à leur
disposition un certain nombre de grands
mots dont le sens est indéterminé, &
qu'ils peuvent interpréter à leur manière
pour nous séduire.

Des Philosophes qui ont discuté cette matière de très-bonne-foi, se sont, ce me semble, trompés quelquefois; parce qu'ils ont confondu la question : *ce que c'est que le Bonheur* : (question par laquelle il faudroit commencer la recherche) avec la question : *quels sont les moyens les plus sûrs pour parvenir au Bonheur.*

Quel est l'état dans lequel il faut que tout homme & même tout animal se trouve pour être heureux? C'est là la question qu'il faudroit se faire.

Si on me la faisoit, je dirois : cet état *est un état permanent de contentement.* Et si on me demandoit ensuite quel est l'é.tat dans lequel il faut se trouver pour être content, je dirois :

Il faut ne pas avoir de peines ni physi-ques ni intellectuelles : il faut par conséquent *ne pas être gêné dans le libre exercice de ses facultés.*

L'absence de peines produit le *contente-ment* & la *continuité de cet état* est ce que je nomme, & ce que l'on doit nom-mer le *Bonheur*, ou, si on l'aime mieux, la *Félicité.*

Si l'on me difoit que c'eft un trifte
Bonheur; qu'un Bonheur négatif qui ne
confifte qu'à ne pas fouffrir; je répondrois
qu'une exiftence qui n'eft pas pénible,
eft une jouiffance. La fucceffion des
fenfations que nous éprouvons, & la fucceffion de nos idées font des jouiffances
qui forment, du moment qu'aucune de
ces idées ou de ces fenfations n'eft pénible, un état de Bien-être très-pofitif.

Il feroit auffi peu réfléchi de dire que
l'abfence de peines ne produit pas un
Bonheur pofitif, que de dire que l'abfence de doutes ne produife pas une conviction pofitive.

De même que l'abfence de tout doute
produit la conviction, l'abfence de toute
peine produit le Bonheur.

On fent même affez généralement que
l'abfence de peines eft un état agréable,
puifque l'on dit que la fanté eft un bien;
puifque la vie eft réputée un bien par
elle-même.

Elle n'en feroit pas un, fi l'abfence de
peines n'étoit pas un état agréable : mais
elle en eft un du moment que l'abfence de

peines produit le contentement. Dès lors
la maſſe des biens l'emporte ſur les maux:
car l'état ordinaire, l'état habituel de tout
homme & de tout animal eſt de ne pas
ſouffrir; & du moment que l'abſence de
peines eſt un état agréable, l'abſence des
plaiſirs par la même raiſon n'eſt pas une
peine. En effet les plaiſirs ne ſont rien
pour celui qui ne les connoit pas. *Igno-
ranti nulla cupido.*

De deux animaux, dont l'un n'auroit
pas le beſoin d'un plaiſir quelconque, tandis que l'autre en auroit le beſoin & le
ſatisferoit; croyez-vous que le dernier
feroit plus heureux que le premier? mais
ce n'eſt pas là de quoi il s'agit.

Il ſemble que nous n'agiſſons (quoique
nous ne nous rendions pas compte de ce
motif) que pour nous maintenir dans cet
état d'*abſence de peines;* & il en eſt de même de tous les animaux. Les beſoins naturels
leur font rechercher les plaiſirs : ces beſoins
ſatisfaits, ils n'y penſent plus; & ſous ce
point de vue ils ſont plus heureux que
nous, qui ſommes bien plus tourmentés
par notre imagination que par nos beſoins.

Il y a des perſonnes qui ſe ſoumet-
troient volontiers à ſouffrir des peines très
continues pour obtenir ce qu'elles deſirent ;
mais pourquoi ? Parce que la peine de ne
pas poſſéder ce qu'elles recherchent eſt
pour elles une plus grande peine, que celles auxquelles elles ſe ſoumettent pour
parvenir à leur but.

Il y a des hommes qui ne conſenti-
roient pas à renoncer à des deſirs qui les
tourmentent ; mais il n'en eſt pas moins
vrai qu'il vaudroit mieux pour eux de
ne pas les éprouver.

Je ne dis pas qu'il faille renoncer
aux plaiſirs de la vie : les plaiſirs ne
ſont pas contraires au Bonheur, ni même les deſirs de ces plaiſirs ; du moment qu'ils ne ſont pas violents : mais je
dis que les plaiſirs ne forment pas le Bonheur. Ils ſont au Bonheur ce qu'un Cadre
élégant eſt à un beau Tableau : Le Tableau peut exiſter ſans le Cadre.

Les plaiſirs, quoiqu'ils ne ſoient pas
contraires au Bonheur quand on s'y livre
avec modération, ne peuvent pas le former ; car on ne peut jouïr des plaiſirs

que de loin en loin : fi l'intervalle qui les
fépare n'eft pas un état agréable, nous
ne fommes pas heureux : & il en eft de
même des animaux. Or comment cet intervalle, c'eft-à-dire la plus grande partie
du temps de notre exiftence, peut-il être
agréable; fi ce n'eft par l'abfence de peines, par le libre exercice de nos Facultés ?

Je ne dis pas que l'abfence d'une peine
en particulier foit un plaifir ; ni qu'une
fenfation ou une idée en particulier, qui
n'eft pas pénible, foit un plaifir : elle n'en
eft pas un, à moins qu'elle ne foit nouvelle. On ne nomme plaifirs que les fen-
timents vifs, plus-vifs que ceux auxquels
nous fommes habitués. Je dis que l'état
d'être fans peines, de ne pas être *géné* dans
l'ufage de fes Facultés, de ne rien trouver dans le Magafin de fa Mémoire qui
caufe un fouvenir pénible, eft ce qui
forme le Contentement dont la continuité
fait le Bonheur.

La différence qu'il y a, entre le Contentement des Bêtes & le nôtre, c'eft
que le nôtre eft réfléchi, & non le leur :

nous avons le *fentiment* de notre Bien-
être : elles n'ont pas le fentiment du leur.
Sous ce point de vue nous avons un
grand avantage fur elles.

On me dira peut-être qu'un homme
fans defirs feroit un Etre qui s'ennuieroit
beaucoup, & par conféquent fort malheureux : je le nie. Un homme dégoûté de
tout eft un Etre malheureux, mais non
un homme fans defirs, du moins fans defirs pénibles ; fans cette efpèce de defirs qui ne peuvent pas être fatisfaits d'un
moment à l'autre.

On me dira encore que cet état d'abfence de peines eft impoffible dans la Nature. Quant à cela j'en conviens : il n'y
a rien de parfait fous le Ciel. Il n'y a pas
de Carré, pas de Cercle parfait : faut-il
en conclure qu'on ne doit pas déterminer en Géométrie ce que c'eft qu'un Carré
ou un Cercle ; & que cette Science eft
moins exacte parce qu'il n'y a pas de
Cercle parfait dans la Nature ?

Le principe que je viens d'établir eft
d'une grande fécondité. Je le prouverai
en le développant dans une autre occafion.

Mais que l'on convienne avec moi ou
non que le Bonheur réfide dans l'abfence
de peines, cela ne fait rien dans le fond
à la chofe dans ce moment-ci, pourvu
qu'on admette que *l'abfence de peines* eft
la *bafe* du Bonheur de tout Etre fenfible.
Or c'eft une propofition que felon toute
apparence on ne me difputera pas.

Il fuffit qu'on l'admette, pour fentir que
le premier foin de l'homme & de tout
animal doit être de fe préferver des peines.

La première prière, la feule peut-être
qu'un animal foible devroit faire aux animaux forts & oppreffifs qui l'environ-
nent, eft de ne pas en être troublé. Ne
me faites point de mal, & je vous dif-
penfe de me faire du bien : c'eft là le
langage qu'il devroit leur tenir. Heureux!
s'il pouvoit être exaucé. C'eft moins pour
s'entr'aider, que pour fe préferver du mal,
qu'on s'eft réuni en Société.

CONSÉQUENCES.

I.

NOus pouvons être malheureux par notre faute ; nous pouvons l'être par les évènements & par la volonté des autres hommes. Mais si les autres hommes peuvent nous rendre malheureux, ou du moins nous causer des peines, opposer des obstacles à notre Bonheur; ils ne peuvent pas de même nous rendre heureux : les moyens, qu'ils voudroient employer pour avancer notre Bonheur, souvent nous en éloigneroient. Notre Bonheur doit être notre ouvrage.

Ce n'est donc pas pour nous rendre heureux réciproquement; c'est 1°. pour nous préserver des maux que nous pouvons nous faire les uns aux autres ; 2°. pour nous garantir d'autant mieux des évènements fâcheux, que nous avons formé le Contrat-social : c'est donc (comme je l'ai dit *page* 18) la sûreté qui a été notre but en le formant; *la sûreté de nos personnes,* non la sûreté de l'Etat.

Il faut fans doute fonger auffi à celle-ci
par rapport à la première; mais il n'eft
pas néceffaire de la prêcher : ce n'eft pas
faute de s'en occuper, que les Princes
péchent de nos jours; & je crois qu'il
y a peu d'hommes fenfés qui ne re-
nonçaffent volontiers à ce genre de fûreté.

Si la fûreté de nos perfonnes eft le but
du Contrat-focial, il faut donc avant toute
autre chofe chercher à détruire le Defpotifme; car rien n'eft plus directement contraire à la fûreté, que de dépendre de la
volonté ambulatoire des hommes.

Il faut chercher auffi à mettre les Citoyens à l'abri des évènements fâcheux;
mais ce n'eft pas là le but principal du
Contrat-focial : ce n'eft pas même là, à la
rigueur, ce qui a déterminé les hommes à
le former; car ils peuvent atteindre ce but,
indépendamment du Contrat-focial, par
des Conventions.

C'eft pour qu'ils ne lèfent pas réciproquement leurs droits, & par conféquent auffi pour qu'ils ne manquent
pas aux Conventions qu'ils ont faites
entre

entre eux , que le Contrat - focial eft
néceffaire.

Je ne dis pas qu'on ne doive pas fe
faire du bien l'un à l'autre ; qu'on ne
puiffe pas chercher à fe *perfectionner* réciproquement : (pourvu que l'un ne s'avife
pas de vouloir *perfectionner* l'autre contre
fon gré) je dis que ce n'eft pas là le but que
l'on peut préfumer du Contrat - focial ; &
s'il s'agiffoit de faire un nouveau Contrat-
focial , je dis que ce n'eft pas là le but
qu'il faudroit fe propofer ; parce qu'il eft
apparent, pour ne pas dire infaillible, qu'en
cherchant à parvenir à ces vues du fecond & du troifième ordre , on manqueroit le but principal. Cherchons à atteindre ce but ; & les hommes fe feront
moins de mal qu'ils ne s'en font aujour-
d'hui. Ils feront donc plus parfaits.

Défions - nous des hommes à fyftè-
mes compliqués. Ils difent que nous fommes des pareffeux ; & ils ont peut-être
raifon : mais ne feroit-il pas poffible qu'il
y en eût entre eux dont le feul but fût
de nous faire manquer le nôtre ; parce
qu'ils fentent que leur règne finiroit , fi les

Rois & les hommes en général étoient
aſſez ſages, pour profiter des avis que nous
oſons leur donner?

2

SI l'abſence de peines eſt la baſe de notre Bonheur; ſi pour être heureux il faut
ne pas être géné dans le libre exercice de
ſes facultés; il eſt clair que le premier
deſir de tout homme eſt de ne pas être
forcé d'agir contre ſa volonté. Le ſecond,
de ne pas être *empêché d'agir* au gré de
ſa volonté; & le troiſième enfin (mais
qui eſt un deſir bien ſubordonné aux deux
premiers) d'être *aſſiſté* par ſes ſemblables
dans l'exécution de ſes volontés.

On voit qu'il y a une diſtance pro-
digieuſe entre le dernier de ces vœux &
les deux premiers. L'homme, qui refuſe
de nous aſſiſter dans nos projets, ne nous
met pas dans une poſition plus facheuſe
que nous ne ſerions s'il n'exiſtoit pas :
mais l'homme qui nous empêche d'agir,
(quand nous en avons le droit) ou qui
nous force d'agir contre notre gré, eſt

l'inftrument de notre malheur; fon exiftence eft un obftacle à la douceur, à la
tranquillité de la nôtre. Celui-ci eft un
homme *injufte* : l'autre, s'il peut fe prê-
ter à nos vues fans fe nuire à lui-même
& fans nuire à un tiers, manque d'*équité* :
mais comme tout homme eft maître de
fes actions, & que nous ne pouvons jamais favoir *pofitivement* s'il a, ou n'a pas
de juftes fujets de nous refufer l'affif-
tance que nous lui demandons, nous n'a-
vons pas de droit formel de nous plaindre
de lui.

La manière dont j'ai diftingué les obligations parfaites des obligations imparfaites, eft donc conforme à la nature des
chofes. Ainfi 1º. *agir* n'eft jamais une
obligation parfaite, à moins qu'on ne fe
foit engagé *à agir* : nos obligations naturelles parfaites fe réduifent à *ne pas* troubler le bonheur de nos femblables, à *ne
pas* léfer leurs droits; elles font négatives.
2°. Toute obligation naturelle *pofitive* eft
imparfaite : on n'eft jamais qu'imparfaitement obligé *à agir*.

Si l'on veut réfléchir fur ces principes,

on fentira 1º. que toute collifion entre deux ou plufieurs obligations naturelles parfaites eft phyfiquement-impoffible. Je dis *obligations* ; je ne dis pas *droits :* car il n'eft pas phyfiquement-impoffible que nos *droits* naturels fe trouvent en collifion avec nos *obligations* naturelles *parfaites.*

2º. Le but du Contrat-focial n'étant pas, ne pouvant pas être de rendre les hommes heureux, mais d'écarter les obftacles que les uns peuvent oppofer au bonheur des autres, on fentira que les Loix, auxquelles font foumis les Citoyens qui ne tiennent pas à l'Etat par des Conventions particulières, ne doivent point *prefcrire,* mais qu'elles doivent fe borner à *profcrire;* & que, fi elles étoient faites d'après ce principe, il feroit de même phyfiquement-impoffible qu'il y eut collifion entre elles & les obligations naturelles parfaites. (*i*) On fentira

─────────────────

(*i*) Si les Loix doivent fe borner à profcrire, toutes les Loix aftuelles, qui obligent les fimples-Citoyens à des Dénonciations, font donc, me dira-t-on, injuftes.

3°. Qu'il ne peut jamais y avoir de collision entre nos obligations naturelles imparfaites, & nos obligations parfaites foit naturelles, foit réfultantes des conventions

Je ne dis pas le contraire : ces Loix en effet, telles qu'elles font, non-feulement font injuftes, mais elles font mal-vues fous tous les rapports poffibles : car 1°. les Légiflateurs devroient en général être fort attentifs à ne pas donner eux-mêmes des leçons de trahifon & de mauvaife foi. 2°. S'ils veulent que les Loix obligent les confciences ; s'ils veulent qu'elles ne foient pas éludées à chaque inftant, ils doivent avoir grand foin de ne pas mettre les Confciences des Citoyens dans l'embarras. S'ils n'ont pas cette attention, ils mettront les Loix de l'Honneur en oppofition avec les leurs, & dès lors les leurs feront méprifées.

Quand les Loix Civiles fe trouvent en contradiction avec les Loix de l'Honneur, on peut parier que le bon-fens eft du côté des dernières ; & la raifon en eft bien naturelle : les Loix de l'Honneur font ordinairement dictées par l'inftinct d'un très-grand nombre de perfonnes ; tandis que les Loix Civiles & les préceptes des Jurifconfultes ne font fouvent que les réfultats des réflexions de quelques Individus. Or l'Inftinct (je le prouverai dans une autre occafion) eft & doit être, par la nature des chofes, un guide plus fûr que la Raifon, tant que celle-ci n'eft point parfaitement développée : mais quand elle eft développée parfaitement, elle devient un guide plus fûr que ne l'eft l'Inftinct.

que nous avons faites; qu'il ne peut par
la même raison jamais y avoir de collision
entre nos obligations imparfaites & les
Loix Civiles; c'est-à-dire que cette col-

Il ne s'enfuit point de là que les accusations publi-
ques doivent être proscrites : je suis fort éloigné de
le penser. Il y a une grande différence entre une ac-
cusation, & une dénonciation ou une délation : le
Délateur est un traître ; l'Accusateur peut être un
fort honnête-homme.

Je ne prétends pas même qu'il ne faille pas chercher, dans quelques cas fort graves, à prévenir les
délits, en inspirant à ceux, qui pourroient être tentés
de les commettre, la crainte d'être trahis par leurs
Complices : mais comment faut-il s'y prendre alors?
Quand on se croit autorisé à avoir recours à de tels
moyens toujours odieux, (& dont il faut par conséquent faire usage le plus rarement qu'il it possible)
comment faut-il s'y prendre ? Ce n'est point aux
Consciences qu'il faut parler : il ne faut point les
mettre dans l'embarras : on n'en a pas le droit. Au
lieu de proscrire la Dénonciation, il faut se borner à
dire que le Conjuré, par exemple, qui dénoncera la
Conjuration, aura sa Grace, &c. La Loi, tour-
née de cette manière, mènera également au but.

Si les Loix étoient plus conformes à la Raison qu'elles ne le font ; si elles se bornoient à proscrire ; & s'il n'y
avoit pas cette foule de Loix-prohibitives, aussi nuisibles
à l'Etat qu'elles sont injustes envers les Citoyens ; si
les Loix avoient pour base un Contrat-social légal ;

lifion, quoique physiquement-possible,
est moralement-impossible.

Nous pouvons avoir eu tort ; nous
pouvons avoir mal fait en confcience de
prendre un engagement contraire à une
obligation imparfaite : mais, l'engagement
pris, nous fommes obligés de nous y
tenir ; & en voici la raifon : nous fommes
toujours les feuls juges fi nous fommes

---

tout le monde feroit perfuadé que les Loix obligent
en confcience ; & cette perfuafion garantiroit aux Chefs
des Nations l'obéiffance de leurs Sujets bien plus qu'on
ne penfe. Mais dans l'état actuel des chofes il eft difficile
(quelque parti que l'on prenne pour le leur perfuader)
que les hommes en général fe croient liés en confcience
par les Loix. Il ne s'enfuit point de là que les Exécuteurs
des Loix, même dans l'état actuel des chofes, puif-
fent écouter les objections que pourroient leur faire
les confciences de ceux qui voudroient fe fouftraire
aux peines dictées par les Loix : les Exécuteurs doivent toujours exécuter à la lettre : d'ailleurs il n'y
auroit plus de Loix. Mais il s'enfuit de là que le
droit de faire grace, quoiqu'il foit un mal, eft, dans
l'état actuel des chofes, un mal néceffaire ; ou plutôt il s'enfuit qu'il faut aux hommes d'autres Loix,
& qu'il eft de l'intérêt, même du Pouvoir des Souverains, de s'occuper, de concert avec leurs Peuples,
des moyens de former un nouvel Ordre-focial.

ou ne fommes pas obligés imparfaitement: on ne peut donc pas exiger de nous que nous rempliflions une obligation imparfaite : mais celui, avec qui nous avons contracté, a le droit d'exiger que nous ne manquions pas à notre engagement. (*k*)

4°. Que toute collifion eft de même moralement - impoflible entre nos obligations naturelles parfaites, & les obligations réfultantes de nos conventions. On ne peut pas s'engager à léfer les droits d'un tiers : toute Convention qui a ce but eft nulle dans le principe ; & par la même raifon dès qu'il y a collifion, c'eft l'obligation réfultante de la Convention qui doit céder à l'obligation naturelle parfaite, quelque légère que foit celle-ci.

5°. Nos obligations parfaites , c'eft-à-dire les droits des autres, font par conféquent

---

(*k*) C'eft là le principe : cependant quand il s'agit de l'appliquer , il y a encore d'autres chofes à confidérer. Par exemple il faut favoir fi, en faifant le Contrat, nous avons fçu ou non que nous nous engagions à une chofe contraire à nos obligations naturelles imparfaites.

féquent les feules bornes du *droit* que
nous avons de faire des Conventions.
Ainfi, quand la Convention n'eft pas nulle
dans le principe, quand nous nous fommes engagés librement à obéir, foit à une
Société, foit à un Individu, nous fommes obligés *d'obéir* dans tous les cas,
dans lefquels nous le pouvons fans léfer les droits d'un tiers.

Ces droits, non les *nôtres*, (car nous
avons pu renoncer à ceux-ci) font les
feules bornes de notre *droit d'obéir*. Il
n'y a pas d'obligation imparfaite, par conféquent pas de motif d'utilité publique
qui pourroit juftifier notre défobéiffance:
la Convention faite, on ne peut plus fe
permettre de raifonnement fur tous ces
objets. Sans la fidélité à remplir fes engagements, nulle Société parmi les hommes ne peut fubfifter. Mais dès que pour
obéir il faut léfer les droits d'un tiers,
nous n'en avons plus le *droit*.

Il fuffit même que nous ayons des doutes à cet égard, pour que nous n'ayons
plus le droit d'obéir. Rifquer de léfer
les droits d'un autre, c'eft les léfer : nous

H

ne pouvous pas avoir le droit d'agir dans le doute.

Nos droits perſonnels peuvent quelquefois nous autoriſer à riſquer de léſer les droits d'un tiers, puiſqu'il y a des cas (quand il s'agit par exemple de notre conſervation) où ils nous autoriſent même à les léſer; pourquoi donc ne pourrions-nous pas nous engager à riſquer de les léſer en faveur d'un autre ? Nous ne le pouvons pas parce que nous n'en avons pas le droit. Nous avons le droit de veiller à notre conſervation; mais nous n'avons pas celui de veiller ſur les autres: agir dans le doute en faveur d'un homme contre un autre, c'eſt attaquer celui-ci : c'eſt déclarer qu'il a tort : or cette déclaration eſt injuſte dans le doute. Il peut y avoir colliſion entre nos droits perſonnels & nos obligations parfaites : mais il ne peut pas y en avoir entre nos obligations parfaites & nos obligations imparfaites.

Que faut-il donc faire, me dira-t-on, quand nous nous trouvons engagés à obéir à quelqu'un, qui nous ordonne d'a-

gir dans des cas où nous n'en avons
pas le droit; ou bien dans des cas où
nous doutons fi nous avons ce droit?
Il faut ne pas agir, & déclarer (fi cette
déclaration eft poffible) à celui envers
qui nous nous fommes engagés, pourquoi nous n'agiffons pas : car de ce que
nous n'avons pas le droit de lui obéir
dans ces cas, il ne faut pas en conclure
que nous ayons celui d'agir contre lui :
or le tromper, feroit agir contre lui. Nous
ne le pouvons pas, par la même raifon par
laquelle nous ne pouvons pas léfer en fa
faveur les droits d'un tiers.

Nous ne le pourrions pas, quand même
nous verrions avec évidence qu'il a tort :
notre engagement s'y oppoferoit. Nous
ne le pourrions pas, quand même nous
douterions de la validité de notre enge-
gement avec lui.

Il faudroit, pour avoir le droit d'agir
contre lui, que nous fuffions fûrs de
trois chofes, 1°. qu'il a tort : 2°. qu'il
n'y a pas d'engagement entre nous & lui :
3°. que ceux, en faveur de qui nous voulons agir, confentent que nous agiffions

en leur faveur. Et quand même nous ferions fûrs de toutes ces chofes, encore
ne ferions nous pas *obligés* d'agir.

Avoir le droit d'agir; *faire bien* d'agir;
être obligé d'agir, font des chofes qu'il ne
faut pas confondre.

Il ne faut pas confondre non plus celui
qui ne remplit pas fes engagements avec
celui qui les viole.

On peut fouvent ne pas avoir le droit
d'obéir aux ordres d'agir que l'on reçoit;
mais du moment que celui qui ordonne a
le droit d'ordonner, on n'a jamais le droit
d'agir en fens contraire.

Du moment qu'une Convention n'eft pas
nulle dans le principe, on eft donc obligé
d'obéir dans tous les cas où on en a le
droit : dans tous ces cas la Raifon doit *fe
taire*, & c'eft la *lettre* qui doit *parler*.

Voyons à préfent ce qui rend une Convention nulle. Il ne peut pas y avoir de
Convention, il ne peut pas y avoir par
conféquent de droit d'ordonner, fans un
accord libre des Parties-Contractantes : un
homme ne peut pas impofer d'obligations
à un autre homme : & comme on ne peut

pas suppofer qu'un homme ait fait librement une Convention, par laquelle il re-
nonceroit à des droits naturels qui font
inaliénables; qu'un homme ait voulu renoncer, par exemple, à l'ufage total de fes facultés naturelles, livrer fa perfonne à la
difcrétion d'un autre homme, foumettre
fa volonté pour toujours dans tous les
cas à la volonté arbitraire de cet autre homme; de pareilles Conventions doivent être
fuppofées nulles. Si l'abfence de peines,
le libre exercice de nos facultés naturelles
fait la bafe du Bonheur de tout homme,
on doit fuppofer ces Conventions nulles.

. Mais on fent très-bien qu'un homme
peut confentir de foumettre fa Raifon à un
autre dans certains cas : le Bonheur confifte à ne pas être troublé, non à laiffer un
libre cours à fes volontés & fes actions
dans toutes les occafions. J'ai dit que le defir de ne pas être empêché d'agir eft moindre que celui de ne pas être forcé d'agir :
on confentira par conféquent avec bien
plus de facilité à laiffer circonfcrire fa faculté d'agir, qu'on ne confentira à agir contre fon gré : ainfi les défenfes font toujours

plus conformes à la Raison que les préceptes.

Pour qu'une Convention, par laquelle
on s'engage à obéir, ne soit pas nulle, il
faut par conséquent que la faculté d'ordonner soit circonscrite; ou si elle est illimitée,
qu'elle ne soit relative qu'à certains cas, à
certaines circonstances : qu'il ne soit pas
dit, par exemple, *vous ferez toujours tout
ce que je vous dirai :* mais qu'il soit dit,
*vous ferez dans telle occasion tout ce que je
vous dirai, sans écouter votre Raison...*

Une Convention peut être nulle aussi
parce qu'elle est contraire à d'autres obligations antérieures parfaites. Il suffit qu'elle
ait le but de léser les droits d'un tiers,
pour qu'elle le soit, même à l'égard de
ceux qui par la Convention ne seroient pas
tenus d'agir; mais qui seroient complices
passifs : ceux-ci ne pourroient pas prétendre qu'ils sont moins coupables que les
autres, en disant qu'ils se bornent à *ne
pas agir;* car consentir qu'un autre *agisse,*
l'assister quand il *agit,* c'est *agir soi-même.*

Dès qu'il y a volonté libre des Parties
Contractantes; & qu'il n'y a pas d'obliga-

tions antérieures , la Convention eſt valide ; il y a droit d'ordonner ; & dans tous les
cas par conſéquent où il y a *droit* d'obéir,
il y a *obligation* d'obéir.

Quand on conſidère 1°. qu'une Convention dans bien des cas peut être cenſée ne pas avoir été faite librement ; que
l'homme cependant eſt le maître de ſa
perſonne & de ſes droits, qu'il en peut
diſpoſer, & que la fidélité à remplir ſes
engagements eſt la baſe de toute Société ;
2°. qu'il y a des cas, où, quoiqu'une Convention ait été faite librement ; & quelque
droit qu'aient pu avoir de la faire les Parties-Contractantes, il ſeroit inique à l'une
de ces Parties d'exiger que l'autre rem-
plît ſes engagements ; on ſentira combien
il eſt néceſſaire , que les hommes vivent
ſoumis à des Loix claires, qui fixent leurs
droits naturels & leurs idées à cet égard ;
& qui déterminent les limites au delà deſ-
quelles toute obligation réſultante d'une
Convention doit ceſſer, ſoit en proſcrivant
dans certains cas entièrement les Conventions que l'on pourroit faire ſur certains
objets, ſoit en ſe bornant dans d'autres cas

à ne pas donner *d'actions*, c'est-à-dire *d'assistance* à l'une des Parties contre l'autre. (1)

Je me suis écarté de mon sujet beaucoup plus peut-être qu'il n'eût été nécessaire pour en venir à la conclusion que j'ai annoncée au commencement de ce Paragraphe : mais si les idées que j'ai développées contribuent en effet à rendre plus évidents les principes que j'ai tâché d'établir dans cet Ouvrage, j'espère qu'on

----

(1) Celui, qui s'est engagé à une chose qu'il ne peut exécuter sans manquer à ses obligations antérieures, ne doit point remplir ses engagements : cela est clair. Mais, en ne remplissant point les engagements, il doit, s'il le peut sans léser les droits d'un tiers, remettre la Partie adverse dans l'état dans lequel elle étoit avant le Contrat : &, si la Partie qui s'est engagée à une chose illicite, a rempli la condition, l'autre Partie, si elle ne s'est pas engagée de son côté à une chose illicite en elle-même, doit satisfaire de son côté au Contrat. Les Loix Civiles ne donnent pas toujours d'action contre elle ; & ces Loix ont raison : leur but est d'opposer au mal une barrière de plus : mais les Loix de l'Honneur, qui ne font dans ce cas que les Loix de la saine Morale, l'y obligent. Dans ce cas les Loix Civiles & les Loix de l'Honneur ont raison.

qu'on ne m'en ſaura pas mauvais gré.

L'obéïſſance que nous devons aux Loix eſt fondée ſur le même principe, ſur lequel ſe fonde la fidélité que nous devons à nos engagements : ce n'eſt jamais que parce que nous l'avons voulu, parce que nous devons être cenſé l'avoir voulu nous-mêmes, que nous ſommes obligés d'obéïr aux Loix ; ſoit qu'il exiſte réellement un Contrat-ſocial, ſoit qu'il n'y en ait point, & que ceux qui gouvernent n'aient pas le droit de gouverner.

3.

LEs Principes que j'ai établis prouvent que la ſureté perſonnelle eſt le ſeul but où du moins le but principal que les hommes puiſſent avoir eu en formant des Sociétés Civiles : car le ſeul Bonheur, ou pour mieux dire les ſeuls *moyens de Bonheur* qu'un homme peut attendre des autres hommes, eſt qu'ils lui procurent cette ſureté ; & cette ſureté, (qui ne conſiſte que dans l'avantage de ne pas être inquiété dans le libre exercice de ſes Facultés) s'il l'obtient par eux, lui ſuffira pour être heureux du

K

moment qu'il voudra l'être. Cela étant, il
est clair qu'il ne peut pas exister de Société, qu'on ne peut pas même en supposer
d'existantes, dont les Membres n'aient fait
entre eux une Convention, si non expresse,
du moins tacite, de vivre en paix, de ne
pas léser réciproquement leurs droits, de
remplir fidellement leurs engagements; &
(s'ils jugent à propos de se choisir des
Chefs & de se soumettre à des Loix) de
vivre chacun en particulier soumis à ces
Loix, & d'obéir à ces Chefs. Cette Convention est antérieure à tout Contrat-social:
elle en est indépendante : elle doit toujours être présumé existante.

Cette Convention donne non seulement
aux Loix, mais même aux Conventions que
les Individus dans la Société font entre
eux, une solidité qu'elles n'auroient pas,
si elles étoient faites entre des Individus
qui ne seroient point de la Société.

Il est clair d'abord qu'on ne peut plus,
dès que cette Convention existe, manquer
aux engagements que l'on a pris avec un seul
Membre de la Société, sans leur manquer
à tous : mais il y a encore à faire une ob-

fervation d'un autre genre qui prouve mon affertion.

J'ai dit que toute Convention, qui a pour but de léfer les droits d'un tiers, eft nulle. J'ai dit de plus qu'on n'a pas le droit de remplir fes engagements, quoique valides dans le principe, dès que, pour les remplir, il faudroit, dans un cas particulier, léfer, ou même rifquer de léfer les droits d'un tiers dans la plus légère occafion. Pour peu que l'on réfléchifle à ce dernier principe, on fentira que les hommes ne pourroient guère compter fur les Conventions qu'ils font, s'il n'exiftoit entre eux une efpèce de Convention générale, qui leur permît d'agir, dans des cas particuliers, quand il n'eft queftion que d'une léfion infiniment légère, ou bien quand le rifque de léfer eft fort petit & la léfion, que l'on craint de faire éprouver, peu grave en elle-même: car, outre qu'il feroit fort difficile qu'il ne fe préfentât pas à chaque inftant des occafions propres à donner des fcrupules aux Parties Contractantes & à les empêcher d'agir, il eft clair que des perfonnes de mauvaife foi prétexteroient fouvent des

K ij

ſcrupules de ce genre pour manquer à leurs engagements.

Si l'on réfléchit à ce que je viens de dire , on ſentira

1°. Qu'on ne peut jamais préſumer de la part des Membres d'une Société un conſentement, qui rende valide une Convention dont le but eſt de léſer les droits d'un tiers , & qui par conſéquent eſt nulle dans le principe.

2°. Qu'on ne peut pas préſumer non plus que les Membres d'une Société aient conſenti qu'on léſât leurs droits pour remplir ſes engagements, quand on voit clairement la léſion & qu'elle eſt grave. Mais ſi l'exactitude à remplir ſes engagements eſt une qualité plus importante dans la Société, que la crainte trop ſcrupuleuſe de léſer, dans des cas particuliers, les droits d'un tiers en rempliſſant les engagements que l'on a pris; & ſi l'on doit ſuppoſer que des hommes vivant en Société ont renoncé à des droits dont l'uſage rigoureux leur ſeroit à charge & nuiſible à eux-mêmes, on ſentira

3°. Que tous les Membres de la So-

ciété doivent être cenfé avoir confenti
qu'on ne fe laiffât pas détourner de remplir fes engagements, 1º. dans le cas qu'il
n'en réfulteroit, en les rempliffant, qu'une
léfion infiniment légère; ou bien 2º. quand
la léfion, quoique plus grave, feroit fort
douteufe; à plus forte raifon 3º. quand la
léfion feroit douteufe & légère, & le doute
léger.

Or ce confentement général donne aux
Conventions particulières une folidité,
une affurance qu'elles n'auroient pas, fi elles étoient faites entre des hommes qui
vivroient ifolés : car on ne peut ni léfer,
ni rifquer de léfer les droits, même les plus
légers d'un homme, à moins qu'il n'y confente, ou ne puiffe être cenfé y avoir confenti.

Cette Convention fociale eft auffi la bafe
de l'obéiffance que les Individus doivent
aux Loix, quelles qu'elles foient, & même
aux Ufurpateurs.

En effet fi l'on doit fuppofer que les
hommes confentent à toutes les chofes,
fans lefquelles il leur eft impoffible de
parvenir au but auquel ils témoignent
par toutes leurs actions de vouloir parve-

nir, & fi la furêté eft leur but en formant des Sociétés ; il eft clair (quelque
injuftes & tyranniques que pourroient être
des Loix & l'Adminiftration) que les Individus dans la Société doivent être cenfé
avoir confenti de vivre foumis aux Loix
& à ceux qui gouvernent, tant que la
Société ne jugera pas à propos, ou n'aura
pas le pouvoir de reprendre fes droits.
Le mal, quelque grand qu'on le fuppofe,
fera toujours moindre qu'il ne le feroit,
fi ceux-ci fe permettoient auffi de violer
les Loix : car dès lors il y auroit autant
de Defpotes que de Citoyens.

Mais fi l'obéiffance, que l'on doit aux
Loix dans ce cas, eft différente de l'obéiffance que l'on doit aux hommes auxquels
on s'eft engagé d'obéir (en ce qu'on n'eft
obligé d'obéir à ceux-ci que quand ils ont
le droit d'ordonner, tandis qu'on eft obligé
d'obéir aux Loix, par la raifon que je viens
de dire, quand même ceux qui les donnent n'auroient pas le droit de les donner)
cette obéiffance eft bien différente auffi de
celle que l'on doit aux Loix & à l'Etat,
quand il y a un Contrat-focial.

C'eſt toujours la Convention, que tous
les Citoyens ont faite entre eux, qui dirige l'obéiſſance des Citoyens : or 1°. plus
cette Convention ſera expreſſe & claire
elle-même ; 2°. plus le but de cette Convention ſera conforme au but de l'Adminiſtration exiſtante, & plus l'obéiſſance ſera active.

Le but de la Convention-ſociale eſt
toujours le bien être de la Société. Ainſi,
quand il y a un Contrat-ſocial légal, le but
de cette Convention eſt que l'obéiſſance
ſoit parfaite : quand au contraire il n'y a pas
de Contrat-ſocial légal & par conſéquent
pas de droit d'ordonner, le but de la Convention, en preſcrivant l'obéiſſance, eſt uniquement fondé ſur le deſir de la paix ; ſur
la néceſſité de préférer un moindre mal à
un plus grand mal : l'obéiſſance parfaite ſe
bornera par conſéquent à ne pas violer les
Loix qui défendent ; mais on ne ſe croira pas
obligé d'exécuter, du moins avec exactitude, les préceptes : & ſi les Loix preſcri-
voient des choſes contraires aux droits naturels des Citoyens, ou qui paruſſent telles ; à plus forte raiſon, ſi elles en preſcri-

voient, ou fi ceux qui gouvernent don-
noient des ordres qui paruffent aux Membres de la Société contraires aux droits de
la Société elle-même, on fe croiroit, avec
raifon, *obligé* de *ne pas* obéir.

Confidérons un moment quelle feroit la
pofition des fimples Citoyens, & quelle feroit celle des Exécuteurs des Loix dans les
deux cas ; c'eft-à-dire en fuppofant d'abord
qu'il n'y eût pas dans l'Etat de droit légal
d'ordonner, & en fuppofant enfuite qu'il
y eût un tel droit.

PREMIER CAS,

Dans lequel on fuppofe qu'il n'y ait point
de droit d'ordonner.

POfition des fimples Citoyens.

1°. Ils feroient obligés parfaitement de
ne pas agir contre les Loix qui défendent,
à moins que ces Loix ne leur *profcriviffent*
à eux-mêmes l'ufage de leurs droits naturels. (*m*).

_____

(*m*) On me demandera peut-être ce que j'entends
par *droits naturels* de l'homme ; droits de la première
Claffe. Les principes que j'ai établis fourniffent la ré-
ponfe à cette Queftion.

2°. même dans ce cas il feroit toujours mieux fait à eux d'obéir, que de *ne pas* obéir.

Chaque homme a le droit d'être heureux ; nul homme n'a donc le droit d'être un obstacle au bonheur d'un autre homme ; mais quel est le genre de bonheur auquel chaque homme a droit ?

Il y a des hommes difficiles à contenter, & d'autres dont rien ne peut altérer la félicité. Ce n'est ni du bonheur que recherchent les uns, ni de celui que favent se procurer les autres qu'il peut être question, quand on dit que chaque homme a le droit d'être heureux ; car nul homme n'a le droit d'exiger qu'on satisfasse ses caprices, & on n'a le droit d'exiger d'aucun homme qu'il foit un Sage.

Si le Bonheur consiste dans l'absence de peines, tous les hommes peuvent être heureux fans que le bonheur de l'un foit fondé fur le malheur de l'autre. Ainsi la position de chaque homme doit être telle, que s'il est malheureux ce foit par fa faute, ou par les évènements, non par la volonté de fes semblables.

Chaque homme a droit par conféquent à tout ce qui lui est néceffaire pour fe garantir des peines qu'il ne fe caufe pas à lui-même. Cette idée renferme tous les droits de la première Claffe.

Outre ces droits, chaque homme a droit à tout ce qu'il peut obtenir fans léfer les droits d'un autre.

Soyez heureux, mais ne le foyez aux dépens de personne. Cette maxime renferme toute la Morale.

L'obéiffance, felon la nature du cas, feroit ou une obligation imparfaite, ou quand même elle ne feroit pas une obligation *imparfaite*, elle feroit toujours une action vertueufe ; c'eft-à-dire une action d'autant plus louable, qu'ils y feroient moins rigoureufement obligés.

3°. Ils feroient obligés parfaitement de ne violer en aucun cas les Loix en faveur d'un tiers (c'eft-à-dire qu'ils ne pourroient agir en fa faveur d'une manière profcrite par les Loix, fans manquer à une obligation parfaite) quelque injuftes que ces Loix leur paruffent ; car, quoiqu'on ne puiffe pas fe permettre de préfumer, tant que la Convention-fociale eft tacite, que les Membres de la Société aient confenti de renoncer, chacun en leur particulier, en faveur de la paix à leurs droits perfonnels manifeftes du moment que ces droits font importants ; on doit préfumer qu'ils ont confenti de ne pas fe mêler des affaires des autres, de ne pas fe faire *juges* des Loix : car fi chacun vouloit être juge, vouloit que fa Raifon décidât de la validité des Loix, il eft clair que nulle Société ne fubfifteroit.

4°. Ils ne pourroient être cenfé obligés qu'*imparfaitement* d'obéir aux Loix qui preferivent ; & fi ces Loix qui preferivent, preferivoient des chofes contraires aux droits d'un tiers, il eft clair, que dans des cas graves, & fi la léfion étoit probable, ils feroient *obligés de ne pas obéir.*

Ainfi, qu'on me permette de le répéter, fi les Loix fe bornoient à proferire, fi elles ne fe permettoient pas de preferire, quelque défectueufes qu'elles pourroient être en proferivant, par exemple, des actions qui ne feroient ni directement ni indirectement contraires à la fureté perfonnelle, elles ne mettroient du moins jamais les fimples-Citoyens dans l'embarras ; & ceux-ci pourroient être fort bons Citoyens & vivre foumis aux Loix, même fous les Gouvernements les plus défectueux & les plus injuftes.

Il n'en eft pas de même des Magiftrats & des Exécuteurs des Loix en général qui tiennent à l'Etat par des Conventions particulières.

Si ceux-ci pouvoient fe croire uniquement engagés envers la perfonne du Sou-

verain; s'ils pouvoient être cenfés à fon fervice & non au fervice de l'Etat, quelque
claires & bien-faites que feroient leurs Conventions avec lui, ils ne feroient prefque
jamais dans le cas de pouvoir agir : car
pour avoir le droit d'agir, il faudroit qu'ils
fuffent fûrs de ne léfer les droits de perfonne : dès qu'ils auroient des doutes à cet
égard, ils ne pourroient plus obéir. Or le
doute eft l'état le plus ordinaire de l'homme. Les Exécuteurs mêmes de la Juftice
ne pourroient pas exécuter les coupables.

Quand les Exécuteurs des Loix font au
fervice de l'Etat, leur pofition eft bien
différente, en fuppofant même qu'il n'y
ait pas de Contrat-focial légal. Mais on
voit aifément qu'il y a encore une ex-
trême différence entre cette pofition, &
celle dans laquelle ils fe trouveroient,
s'il exiftoit un tel Contrat : car, dans le
doute fi, en exécutant les Loix & fur-
tout les ordres qu'ils recevroient de leurs
Supérieurs, ils léferoient les droits d'un
tiers, leur obéiffance manqueroit toujours
d'activité; &, fuppofé qu'elle n'en man-
quât pas dans les cas où il n'eft queftion

que des droits des Individus, & où il
s'agiroit de procéder d'après les Loix, par
la raison que la Convention sociale tacite pourroit & devroit même appaiser
leurs scrupules à cet égard, (*n*) elle
en manqueroit du moins quand ils auroient des doutes graves & qu'il seroit
question d'exécuter, non des Loix, mais
des Ordres. Et s'ils étoient dans le cas
de douter si les ordres qu'on leur donne
sont ou ne sont pas contraires aux droits
de la Société elle-même, il est clair qu'ils
ne pourroient pas agir : car, tant que la
Convention-sociale n'est pas expresse, on
ne peut pas présumer qu'elle permette
d'agir dans ce doute.

(*n*) Si la Convention-sociale tacite donne de la sta-
bilité aux Conventions que les Membres de la Société font entre eux, en les autorisant à ne pas se
laisser détourner de l'exactitude à remplir leur engagement par de légers doutes si en les remplissant ils ne
léseroient pas les droits d'un tiers ; il est clair qu'elle
autorise à plus forte raison les Exécuteurs des Loix
à ne pas se laisser détourner de l'exécution des Loix par
des doutes, même plus graves, que ne seroient ceux-là.

SECOND CAS,

*Dans lequel on fuppofe un Contrat-focial
légal.*

DAns ce cas l'obligation d'obéir feroit
toujours parfaite : l'obéiffance auroit par
conféquent une très-grande activité ; &
cette activité feroit plus ou moins grande
en raifon que le Contrat-focial feroit plus
ou moins parfait.

S'il s'agiffoit de former un nouvel Ordre-focial, tous les Membres de la Société, c'eft-à-dire la Nation ou fes Repréfentants devroient prefcrire à tous les Citoyens & en particulier aux Exécuteurs
des Loix, d'obéir toujours aux Loix & de
les exécuter à la lettre, fans s'inquiéter fi,
en obéiffant & en les exécutant, ils léferoient ou ne léferoient point les droits
des Individus & même ceux de la Société
en général.

Si l'on réfléchit d'un côté qu'il n'y
aura jamais de fureté perfonnelle, tant
que l'on fe permettra de raifonner fur les
Loix ; & que le feul moyen de prévenir

le Despotisme des Chefs & des Subalternes est d'interdire toute interprétation;
de prévenir tout prétexte d'une procédure
arbitraire, on sentira la nécessité d'une
telle Loi générale : & si l'on réfléchit
d'un autre côté qu'aucune Convention,
aucune Loi ne peut autoriser ceux qui y
sont soumis, à manquer à une obligation
parfaite, c'est-à-dire, à léser les droits
d'un tiers, on sentira qu'il est nécessaire
que cette Loi générale soit donnée par
tous les Citoyens, ou du moins par leurs
Représentants, & qu'elle soit le résultat
d'une Convention bien claire qu'ils auront
faite librement entre eux : car dès lors,
quels que seroient les évènements, il n'y
auroit plus d'inquiétude à avoir qu'on lé-
sât les droits de la Société ou de ses
Membres.

Chaque homme ayant le droit de renoncer à ses droits, & tous les Citoyens
ayant consenti, ayant exigé même dans
ma supposition qu'on exécutât les Loix
à la lettre, sans qu'on ait à s'inquiéter si elles sont ou ne sont pas contraires à leurs
droits; il est clair qu'on pourra les exé-

cuter en effet fans craindre qu'elles foient injuftes, ou du moins fans craindre qu'on le foit en les exécutant.

Résultat.

On voit par tout ce que je viens de dire que plus les Loix feront claires, & la légalité du Contrat-focial manifefte ; plus l'obéiffance fera active, & par conféquent le Pouvoir de ceux qui gouvernent, étendu. On voit que même le Pouvoir, que les Monarques exercent fur les Armées, loin d'être affoibli, recevroit de l'accroiffement, fi ces Armées, au lieu d'être au fervice de leurs perfonnes, étoient au fervice de l'Etat ; & furtout fi les cas, dans lefquels les Armées devroient ne pas leur obéir, étoient exprimés dans la Conftitution ; & qu'il fût exprimé en même temps que dans tous les cas non-exceptés, elles feroient obligées de leur obéir aveuglément. Or c'eft ce que j'ai voulu prouver dans ce Paragraphe.

J'ai.

J'Ai dit à la fin du 1er. Paragraphe que
le Monarque ne doit pas avoir la faculté
de changer l'Ordre établi sans le consentement exprès de la Nation, & qu'on doit
exprimer par conséquent dans la Constitution ce que l'on entend par changer l'Ordre établi, & ce que l'on entend par gouverner.

C'est une suite nécessaire de tous les
principes que je viens d'établir. Que les
Princes gouvernent bien, & ils auront toujours assez à faire. Le successeur d'un grand
Prince seroit-il fort à plaindre de ne pas
pouvoir intervertir l'Ordre dans lequel il
trouveroit la Monarchie?

Il me paroît que les Monarques eux-
mêmes, s'ils y réfléchissent, desireront que
le bien, qu'ils font ou pourront faire à la
Nation de concert avec elle, ne puisse plus
être changé par leurs Successeurs.

§ III.

L

§ I I I.

QU'eſt-ce qui nous fait le plus ſentir tout
le poids du Deſpotiſme aujourd'hui ? C'eſt
ſans contredit cette envie de changer
l'Ordre établi qui s'eſt emparé partout
des Chefs des Nations. S'ils ſe bornoient à maintenir en vigueur les Loix
exiſtantes , quelque mauvaiſes qu'elles
ſoient, on auroit bien moins de ſujets de
ſe plaindre.

Mais qu'eſt-ce qui leur a inſpiré ce
deſir des Réformes ? C'eſt le deſir du
bien : c'eſt d'un côté la conviction intime
qu'a tout homme qui penſe , que pour
rendre les hommes plus heureux qu'ils
ne ſont, il faut en effet de très-grandes
Réformes ; & de l'autre côté la facilité
qu'on a de préſumer, quand on voit le
mal, qu'on ſera aſſez habile pour y por-
ter remède.

On auroit dû dire aux Princes que la
choſe la plus eſſentielle au bonheur des
hommes, eſt de ne pas les troubler; de
les laiſſer en repos ; qu'il ne faut pas, pour

rendre les hommes *peut-être* heureux, commencer par les rendre *sûrement* malheureux. Mais qui est-ce qui le leur a dit? Le grand nombre des Ecrits, qui depuis un demi-siècle inondent l'Europe, & surtout ces Raisonneurs en sous-ordre qui n'écrivent pas, qui n'entendent pas même ce que l'on écrit, mais qui bavardent, qui tâchent de donner du ridicule à tout ce qu'ils n'entendent pas; qui ne se méfient jamais de leurs forces, qui ne savent ce que c'est que de douter, le disent-ils?

Si la fausse Philosophie a fait le mal, il seroit à souhaiter que la vraie Philosophie en tirât parti : & si elle en venoit à bout, nous saurions gré, même à la première, d'avoir avancé une crise qui auroit amené à sa suite la guérison d'une partie des maux de l'Humanité.

L'esprit de Réforme a fait le mal : cependant il est constant qu'il nous faut un Réformateur. Il faut aux hommes un Ordre social différent de celui sous lequel ils vivent. Si leur raison est plus mûre, il leur faut un Gouvernement formé par la Raison, par un commun accord, & non

par le caprice & le hazard. Il leur faut
un Réformateur-Monarque, qui, pénétré
de ces vérités, veuille procéder de concert avec la Nation, pour établir un Gouvernement, dont elle puisse se promettre
un bonheur permanent ; c'est-à-dire une
liberté & une sûreté permanente. Il faut
que ce Réformateur soit le Souverain légitime lui-même : car c'est le moyen non-
seulement le plus légitime, mais aussi le
plus court pour parvenir au but ; & il
faut qu'il n'agisse que de concert avec la
Nation : parce que c'est là la seule manière légale de procéder, & parce qu'il
est impossible qu'il inspire de la confian-
.ce, & qu'il parvienne par conséquent au
but, quelqu'éclairé qu'on le suppose, s'il
agit de son chef. Un homme, dont les
vues sont droites, & qui est sûr de son
fait, ne craint pas de procéder légalement.

S'il se méfie de l'approbation générale,
du consentement de ceux que l'intérêt
personnel ne porte pas à s'opposer à ses
vues, il se méfie de son plan ; & dès
lors il ne doit pas agir.

Il faut que le nouvel Ordre-social soit

établi par la Nation, non feulement parce
que c'eft la feule manière légale de procéder, mais parce que c'eft auffi la plus fûre
pour parvenir à un bon Gouvernement. Un
feul ou plufieurs hommes peuvent fe faire
illufion : on ne peut pas préfumer la même
chofe d'un très-grand nombre d'hommes
défintereffés & fuffifamment éclairés.

Si l'on me dit que jamais Souverain
ne confentira à une telle manière de procéder, je répondrai que je ne le crois
pas. Ce n'eft pas là bonne volonté; c'eft
la difficulté de l'exécution, l'ignorance
des juftes mefures à prendre, qui retient
les Souverains. On dit que la volonté leur
manque : Je voudrois que ce fût là le
feul obftacle au bonheur des hommes.
Je dirois : fi la volonté leur manque, il
faut la leur *faire* venir : il faut les *faire*
vouloir, non par des moyens indirects,
mais par des moyens *directs* & *francs*,
feuls dignes d'être employés par des hommes qui veulent le bien.

Le Problème, comment on peut, fans
fe rendre coupable, forcer, malgré leurs
Armées & fans léfer leurs droits, ceux

qui ont le Pouvoir en mains, de céder
à l'évidence, n'eſt pas impoſſible à ré-
ſoudre.

Il n'y a preſque pas d'homme dans le
monde (que l'on ſuppoſe ſa volonté
bonne ou mauvaiſe) qui ſe refuſera à une
démarche qu'on lui démontrera avec évidence, néceſſaire au bonheur du Genre-
humain. C'eſt toujours l'incertitude, le
défaut d'évidence de l'utilité de la choſe,
qui empêche la bonne volonté de ſe rendre, ou qui ſert de prétexte à la mauvaiſe
pour ſe refuſer au parti qu'on lui propoſe.

Je ſuis ſi perſuadé de cette vérité, que
j'oſe aſſurer qu'il eſt abſolument impoſſible, ſi nous parvenons à avoir l'évidence
de notre côté, qu'il n'y ait pas du moins
un Souverain conſidérable en Europe, qui
ne cède : or, ſi nous en avons un, nous
aurons tout ce qu'il nous faut : celui là
en aura la gloire ; les autres, entraînés par
la force d'un tel exemple, ne pourront pas
s'empêcher de le ſuivre.

Il ne ſuffit pas de dire à un homme :
faites une telle choſe ; ni même de lui
prouver que la choſe, ſi elle pouvoit ſe

faire, feroit utile; il faut lui dire comment il doit s'y prendre.

Ce n'eft donc pas la faute des Souverains; c'eft la faute de ceux qui fe font chargés d'éclairer les hommes, fi nous fommes auffi peu avancés que nous le fommes : ou pour mieux dire & pour être encore plus jufte, c'eft en grande partie dans la difficulté de la chofe même qu'il faut en chercher la caufe.

Suppofons un Prince qui voulût fincèrement le bien, qui fût penetré lui-même de la vérité de tout ce que j'ai dit dans cet Ecrit, qui aimât affez la Vertu ou fa Gloire, pour renoncer de bon cœur à une partie, & même, s'il le falloit (ce que je fuis fort éloigné de croire néceffaire) à tout fon Pouvoir, pour établir de concert avec fa Nation un Ordre-focial tel qu'on le defireroit; je demande : que faudroit-il qu'il fît pour agir en homme prudent ?

Si la Philofophie du fiècle ne fait pas répondre d'une manière nette & précife à cette queftion, c'eft-à-dire aux queftions qu'elle renferme, de la manière que je les développerai, je dirai : ceſſons de blâmer les Princes, puiſque nous ne ſavons pas nous-mêmes ce que nous ferions à leur place : loin d'échauffer les eſprits par nos clameurs prématurées, tâchons d'éteindre le flambeau que nous avons allumé trop tôt ; l'époque du ſalut n'eſt point encore venue.

Si au contraire, comme il y a tout lieu de le préſumer, il exiſte en Europe un très-grand nombre de perſonnes qui ont des idées aſſez nettes pour ſavoir ce qu'elles feroient à la place d'un tel Prince, qu'elles le diſent d'une manière bien claire : que leur conſeil ſoit ſans replique, & elles feront écoutées. Quand même les Princes exiſtants ne voudroient pas le bien, c'eſt égal, l'effet ſera toujours le même.

Un Prince prudent, qui veut le bien, ne cherchera pas à être convaincu que la ſeule manière légale de procéder, pour établir un nouvel Ordre-ſocial, feroit de convoquer la Nation, ſuppoſé que cette convocation fût poſſible ; (car il eſt impoſſible qu'il n'ait pas cette conviction d'avance) mais il voudra être convaincu de la poſſibilité de cette Convocation ; c'eſt-à-dire de la poſſibilité de faire repréſenter la Nation de manière, que la volonté des Repréſentants pourra être cenſée *en effet* la volonté de la Nation.

Un Prince prudent, qui veut le bien, n'attendra pas, pour ſe déterminer, qu'il ait d'avance la conviction de parvenir ſûrement, en convoquant la Nation d'une telle ou telle manière, à établir de concert avec elle un Ordre-ſocial légal, dont on pourra ſe promettre un bonheur permanent. Cette conviction eſt à peu près impoſſible à avoir d'avance & n'eſt pas néceſſaire. Un Prince, qui veut ſincèrement le bien, ſentira que le bonheur des hommes vaut bien la peine qu'on faſſe des eſſais, quand même ils ſeroient infructueux : mais ce Prince ne ſe déterminera pas, auſſi long-temps qu'il aura des doutes ſi, en convoquant la Nation, il ne riſque pas de ſe mettre en tutèlle ſans qu'il en réſulte de l'avantage pour la Nation, c'eſt-à-dire s'il ne s'expoſe pas à faire paſſer cette Nation, dont il veut le bonheur, ſous un joug plus dur que ne l'eſt le Deſpotiſme Monarchique actuel.

Ainſi ſi l'on préſentoit à un tel Prince un Plan d'Aſſemblée Nationale dont on lui démontreroit la poſſibilité dans l'exécution ; & qu'on lui prouvât avec évidence, 1°. qu'en adoptant la manière qu'on lui propoſeroit de faire repréſenter la Nation, l'Ordre-ſocial qu'il établiroit de concert avec ces Repréſentants ; ou plutôt les Conventions , qu'il feroit avec eux relativement à la manière dont il faudroit s'y prendre pour établir un nouvel Ordre-ſocial , feroient en effet faites de l'aveu de la Nation : 2°. qu'il ne riſque rien, ni pour lui ni pour la Nation, s'il ſuit le Plan qu'on lui propoſe ; il eſt clair que ce Prince adoptera ce Plan, ſur-tout ſi, au lieu de lui être préſenté par une ſeule perſonne, il pouvoit lui être préſenté approuvé & ſigné par un très grand nombre de perſonnes de différentes Claſſes , & ſurtout de différents Pays ; de perſonnes dont les talents & la probité ſeroient reconnus.

L'évidence même reçoit de l'accroiſſement par la réunion d'une multitude de ſuffrages éclairés : ou pour mieux dire nous ne parvenons à avoir la conviction de l'évidence d'une Proposition que par cette réunion de suffrages. Il n'en est pas de l'évidence comme de la vérité & de la conviction : la vérité est une; une chose ne peut pas être plus ou moins vraie : il en est de même (à parler exactement) de la conviction ; on est convaincu ou on ne l'est pas : mais on peut avoir tort d'être convaincu.

Il n'y a pas de liaison nécessaire entre la conviction & la vérité d'une Proposition. La promptitude à se convaincre est un effet de l'ignorance : c'est par là que l'homme débute : le doute ne vient qu'après. Il est l'adolescence de notre esprit : le discernement du vrai & du faux en est l'age viril.

La vérité est dans l'objet : la conviction est dans l'esprit ; & l'évidence dans l'effet que la chose produit sur les esprits en général. (o) Pour juger de cet effet, l'effet que nous éprouvons ne suffit pas : car

_____

(o) Pour qu'une Proposition soit évidente, il faut 1°. qu'elle soit vraie; 2°. qu'elle soit énoncée de manière que tous ceux qui sont en état de l'entendre, en reconnoissent la vérité.

cet effet n'eft qu'un effet unique. L'expérience de la poffibilité des paralogifmes
nous prouve cette infuffifance. Ce n'eft
que lors que nous voyons que cet effet
eft le même fur tous les efprits, ou du
moins fur un très grand nombre d'efprits,
que nous avons la conviction de l'évidence
d'une Propofition & même d'une Démonftration Mathématique. Nous pouvons prévoir, j'en conviens, qu'une démonftration donnée fera reconnu évidente par
tous ceux qui la liront avec attention : mais
quelqu'évidente qu'une démonftration nous
paroiffe, je dis qu'elle ne l'eft point fi
d'autres ne la trouvent point telle.

Il eft affez fimple par conféquent qu'un
Mémoire, fait de la manière que je le propofe, produife plus d'effet, même fur un
Prince dont la volonté feroit parfaite, que
n'en feroit ce même Mémoire, s'il n'étoit
préfenté que par un ou quelques Particuliers : un homme prudent fe méfie avec raifon dans les grandes occafions de fes propres lumières, à plus forte raifon de celles
d'un autre dont le fuffrage feroit ifolé.

Un Mémoire publié de cette manière

produiroit deux autres très-grands effets.

1°. L'effet, qu'un Prince, qui fuivroit le Plan qu'on y propoferoit, dont l'utilité auroit été reconnue d'avance, infpireroit une très-grande confiance au public. Or il importe d'autant plus à un Prince, qui auroit un tel projet, de convaincre d'avance la Nation de la pureté de fes intentions, que tout projet, qui tend à fimplifier l'adminiftration, tendant par là-même à détruire ou à diminuer le Defpotifme des Subalternes & des Intriguants, trouvera toujours les plus grands obftacles dans l'exécution. On cherchera toujours à exciter le Peuple, en le trompant, contre un Monarque en qui on appercevra de pareilles vues.

2°. Le fecond effet feroit que la première convocation de la Nation, qui fe feroit d'après ce Plan, feroit elle même faite légalement, & pourroit même être cenfé faite de l'aveu de la Nation : car, quand il n'y a pas d'autres moyens de procéder, on doit regarder comme légalement fait, ce qui fe fait de l'aveu d'un grand nombre de perfonnes éclairées &

défintéreffés ; & leur volonté peut en quelque forte être cenfée la volonté raifonnable de la Nation.

Or fi ce Mémoire pouvoit être fait de la manière que je viens de l'expofer, c'eft-à-dire figné & approuvé par un très-grand nombre de perfonnes de différentes Claffes, & fur-tout de différents Pays ; de perfonnes refpectables par leurs talents & leur probité ; qu'il fût fans replique ; qu'il fût énoncé de manière à ne pas laiffer d'échappatoires à la mauvaife volonté de ceux qui voudroient en détourner le Prince ; fi l'on y prouvoit que le parti que l'on y propofe, eft le feul parti à prendre pour un Prince qui voudroit réellement le bien ; qu'il faut par conféquent, que ce Prince s'y détermine, ou qu'il convienne tacitement que le bien général lui eft indifférent : fi au lieu d'adreffer ce Mémoire à un Prince en particulier, ou le rendoit public en Europe, & qu'il fût reconnu évident ; alors je dis : il eft impoffible qu'il n'y ait pas au moins un Prince qui ne donne les mains au Plan qu'il contiendra ; & je foutiens même, que tousles Princes ou prefque tous l'adop-

teront : car il n'y a pas de Prince, ou du
moins il y en a fort peu, même de ceux qui
ne veulent pas le bien, qui vouluſſent
avouer qu'ils ne le veulent pas. Or ſi le
Mémoire étoit évident, ils feroient tacitement cet aveu en ne l'adoptant point.

Il n'y a perſonne qui ne ſente que tous
les Gouvernements actuels ſont mauvais ;
& que la ſeule manière légale, pour établir un nouvel Ordre-ſocial, ſeroit de procéder de concert avec la Nation. Or, ſi
l'on prouvoit avec évidence 1°. que cette
manière de procéder eſt poſſible, 2°. qu'il
n'y a pas de riſque pour les Souverains
de convoquer la Nation d'une telle ou
telle manière; il eſt clair qu'un Souverain,
qui malgré ces preuves ne ſe détermineroit pas, prouveroit par là que le bien
de l'Humanité ne lui tient pas à cœur.
C'eſt ce raiſonnement qui me fait dire
que, ſi l'on publioit le Plan dont je parle, il ſeroit ſûrement adopté : car il me
paroît impoſſible que, dans le nombre des
Souverains exiſtants en Europe, il n'y en
ait pas un, dont la volonté ne ſoit bonne;
& pas un qui ne tienne aſſez à l'Eſtime-

publique, à la Gloire, pour ne pas lui faire quelques facrifices.

Ainfi, fi le Plan peut être bien fait, non-feulement on ne rifque rien de le publier, mais il changera probablement la face des chofes : fi au contraire on croit ne pas pouvoir le bien faire. Il ne faut donc pas dire que les Princes manquent de bonne-volonté. On ne peut pas accufer de manquer de bonne - volonté un homme, qui ne prend pas un parti de l'utilité & de la fûreté duquel on ne fe fent pas la capacité de le convaincre. Quelque bonnes que foient les intentions d'un Monarque, comment voulez-vous qu'il fe décide à convoquer la Nation, tant qu'il ne voit pas la poffibilité de la faire repréfenter légale-ment, & tant qu'il a des doutes s'il n'ex-pofe pas la fûreté de la Nation par cette convocation.

Je fens la difficulté qu'il y a à réunir un très - grand nombre de perfonnes & à leur faire rédiger de concert un Ecrit qu'elles approuveroient, figneroient & pu-blieroient. Je fens par conféquent la diffi-culté qu'il peut y avoir dans l'exécution du
Mémoire

Mémoire que je defirerois de voir publier. Mais fi l'on en croyoit l'idée abfolument chimérique, les ennemis des Affem-
blées-Nationales auroient beau jeu. Ils di-
roient : fi dans la Claffe des perfonnes les
plus éclairées & les plus vertueufes en Europe on ne peut pas même en trouver
deux cents ou cent qui vouluffent agir de
concert pour faire une démarche auffi évidemment utile au Genre-humain, & auffi
peu dangereufe pour elles-mêmes que le feroit celle que je propofe, comment peut-on
fe flatter qu'on viendra à bou de faire agir
raifonnablement une Affemblée - Nationale
& de former avec elle un nouvel Ordre-
focial, ou du moins de convenir avec elle
des moyens que l'on prendra pour l'é-
tablir ?

Il exifte en Europe des Sociétés que
j'ai nommé fecrètes, non parce que leur
exiftence eft un fecret, mais *parce que leurs
buts & leurs moyens font fecrets.* Ces Sociétés font répandues dans tous les Pays:
leurs Membres ont des moyens de com-
muniquer entre eux avec plus de facilité,
que nous autres Citoyens ifolés ne com-

M

muniquons entre nous. Ces Sociétés forment des projets de concert & les exécu-
tent : il me paroît que ces Sociétés auroient
par conséquent de grandes avances pour
faire rédiger & publier un Mémoire tel que
je le propofe : & fi elles veulent réellement
le bien comme je le préfume, c'eft d'elles
que l'Humanité devroit attendre ce bien-
fait, d'autant plus qu'elles ont néceffairement plus de lumières que nous dont les
travaux ne font pas dirigés vers un centre
commun.

Ces Sociétés penfent trop bien, pour dé-
daigner une idée, uniquement parce qu'elle
auroit été conçue par un Profane. Il y a
fi loin de la fimple conception à l'exécution, que la gloire feroit toute entière pour
elles. Si le Mémoire fait effet, les Nations
leur devront leur bonheur : & s'il n'en fait
pas, ce fera une tentative, inutile à la vérité; mais les hommes perdent fi fouvent
leurs peines quand ils cherchent à nuire,
que l'on peut bien, ce me femble, facrifier
quelques loifirs, au rifque que ce foit fans
fruit, quand il eft queftion du bonheur
du Genre-humain.

S'il paroît un tel Mémoire ; si, après qu'il aura eu le temps de mûrir, de se naturaliser pour ainsi dire dans les Esprits, il est reconnu sans replique, & qu'il ne détermine pas les Monarques, alors j'avouerai que leur volonté n'est pas bonne. Jusques là on me permettra d'en douter; comme on me permettra, si le Mémoire ne paroît pas, de douter de la bonne volonté, ou du moins des lumières de ceux que j'ose sommer de le faire paroître.

Si les Monarques, me dit-on, demandent de quel droit on publie un tel Mémoire, que leur répondra-t-on ? On leur répondra que c'est du droit qu'a tout homme de dire hautement son avis : droit auquel les Souverains n'ont pas de droit de mettre des obstacles, tant que l'on n'agit pas, que l'on se borne à éclairer, & surtout qu'on ne se mêle pas des affaires des autres. Or 1°. le Mémoire, dont je propose la publication, n'a pas d'autre but que d'éclairer : 2°. la formation d'un nouvel Ordre social est la Cause de tout le monde; toutes nos personnes y sont intéressées : &

3°. on ne nous difputera pas, je crois, le droit de veiller fur nous-mêmes.

Mais qu'on fe tranquillife : les Monarques, s'ils font fages, ne feront pas cette queftion. Loin de favoir mauvais gré à celui qui leur indiquera les moyens de procéder légalement à la formation d'un nouvel Ordre-focial, ils lui en fauront le plus grand gré : car, fi cet Ordre-focial peut être bien fait (& il eft probable qu'il fera bien fait fi la Nation eft *légalement* repréfentée) au lieu de perdre de leur Pouvoir, ils en obtiendront fûrement plus qu'ils n'en ont. Le Gouvernement Monarchique, dans le calme d'une délibération d'hommes défintéreffés , obtiendra toujours la préférence : & la partie arbitraire de leur Pouvoir qu'ils facrifieront, leur fera rendue au centuple par la deftruction du Pouvoir des Subalternes & des Intriguants, & par la légalité même avec laquelle le nouvel Ordre-focial fera établi.

F I N.

Ainsi deux chofes déterminent la nature de nos droits & de nos obligations : nos *befoins naturels* & la *poffeffion*. Celle-ci fuffit pour donner un *droit parfait*, quand il n'y a pas d'un autre côté de *befoins naturels* : mais, fi l'un *poffède* une chofe, & qu'un autre en ait *befoin*, celui qui la poffède n'a qu'un *droit imparfait* de la conferver; l'autre a un *droit parfait* de la reclamer. Si elle eft néceffaire aux *befoins* de tous les deux, le *droit parfait* eft du côté de celui qui la *poffède* : l'autre n'a qu'un *droit imparfait* de la reclamer.

Nos *droits parfaits* ne fuppofent pas toujours une *obligation parfaite* du côté de la partie adverfe. J'aurai occafion de développer cette matière encore mieux dans un autre Ouvrage.

ERRATA.

Page 24 *Ligne* 10 *de la Note* : que pas un grand; *lisez*, que par un grand &c.

Page 30 *Ligne* 15 : *après* manquer au Contrat; *ajoutez*, ou plutôt agir contre le Contrat &c.

Page 87 *Ligne* 15 : pour être convaincu; *lisez*, par être convaincu.

Page 91 *Ligne antépénultième* : fi l'abfenee; *lisez*, fi l'abfence.

Page 108 *Ligne* 1ere : ne pouvous; *lisez*, ne pouvons.

Page 144 *Ligne* 1ere : défintéreffés; *lisez*, défintéreffées.

www.ingramcontent.com/pod-product-compliance
Lightning Source LLC
Chambersburg PA
CBHW070758290326
41931CB00011BA/2067